MERIAN KOMPASS

KULINARISCHER SPRACHFÜHRER FRANKREICH

Susanne Bodensteiner

Blick über die Seine auf den Eiffelturm in Paris.

MERIAN KOMPASS

KULINARISCHER SPRACHFÜHRER FRANKREICH

INHALT

In den Altstadtgassen von Rennes findet man an jeder Ecke kleine Lokale.

KULINARISCHER SPRACHFÜHRER
FRANKREICH

Ein Pastis in einem Straßencafé, ein deftiges Menü in einer Ferme Auberge, ein würziger Käse und ein roter Landwein am Wegesrand oder große Küche im Sterne-Restaurant – es gibt viele Möglichkeiten, Frankreich kulinarisch zu erleben. Der Sprachkompass möchte Ihnen Appetit machen auf die kleinen und großen Spezialitäten der Grande Nation, Ihnen helfen, Speise- und Weinkarten zu lesen, damit Sie einen Besuch im Restaurant ohne (Sprach-)Probleme genießen können.

RUND UMS ESSEN UND GENIESSEN

Ein erster Teil weist Ihnen den Weg in die kulinarischen Provinzen. Der Sprachführer hilft Ihnen, französische Speisekarten richtig zu verstehen. Ein Weinlexikon für Wissensdurstige sorgt dafür, dass auch die Weinkarte für Sie kein Buch mit sieben Siegeln bleibt. Dazu Tipps, die Ihnen die Weinauswahl im Restaurant oder Supermarkt erleichtern. Die deutsch-französischen Redewendungen tragen dazu bei, dass Sie Sätze und Fragen im Restaurant schnell formulieren können. Und wenn Sie selbst in Frankreich kochen möchten, hilft Ihnen das Register am Schluss beim Schreiben des Einkaufszettels.

»Vive la différence« – der kleine Kompass soll Ihnen eine erste Orientierungshilfe geben und Ihnen traditionelle Spezialitäten vorstellen. Vor kulinarischen Überraschungen kann und will er Sie auf keinen Fall schützen. Denn echte Maîtres de Cuisine – Gott in Frankreich sei Dank – sind kreativ und individuell, sie halten sich – wie überall – nicht immer an feste Rezepte, sondern zeigen in der Küche eigenen Stil. Und so kann ein »lapin à la chasseur«, ein Kaninchen nach Jägerart, statt mit Waldpilzen auch mal mit feinen Weintrauben zubereitet sein.

Viel Spaß in Frankreich und bon appétit!

DIE PROVINZEN

Kulinarische Notizen

Nach der Revolution von 1789 teilte die Regierung Frankreich in »départements«. Anfang der siebziger Jahre fasste man mehrere dieser Verwaltungsbezirke zu Regionen zusammen, die wieder mehr den alten Provinzen entsprechen. Nach dieser Einteilung richten sich die folgenden Notizen.

ALSACE (ELSASS)

In blumengeschmückten Fachwerkhäusern mit Storchennestern auf dem Dach, in »winstubs« und Restaurants ist neben großer Küche traditionell die deftige Küche daheim: üppige Schlachtplatten mit »choucroute«, dem mit Lorbeer und Wacholderbeeren gewürzten Elsässer Sauerkraut, »ziwelwai«, ein üppiger Zwiebelkuchen, Wurstspezialitäten oder der »baeckeoffa«, ein Eintopf mit Fleisch, Kartoffeln und reichlich Zwiebeln. Eine Diät sollten Sie deshalb nicht gerade planen, auch wenn Sie bei »coq au riesling«, einem Hühnchen in Weißweinsauce, oder getrüffelter Straßburger Gänseleber zugreifen.

Wer intensiv-kräftige Käse mit ausgeprägtem Duft mag, freut sich über Munster, einen Rotschmier-Käse aus Rohmilch. Als typische Nachspeise bietet sich der »kugelhopf« an.

Als Begleiter des deftigen Mahls passen der kräftige Edelzwicker oder der feine, körperreiche Elsässer Riesling. Vom alkoholreichen Gewürztraminer sollten Sie sich besser nicht allzu viele Gläser schmecken lassen. Probieren Sie auch die frisch-fruchtigen Weißweine aus den Rebsorten Sauvignon blanc oder Chenin blanc. Oder stoßen Sie mit einem der zahlreichen Elsässer Biere an.

Nach dem Essen weckt ein »eau-de-vie« die Lebensgeister: Obstbrand wie »Kirsch«, »Mirabelle« oder »Quetsch«.

AQUITAINE (AQUITANIEN)

So vielfältig wie die Landschaft sind auch die Spezialitäten, gehören doch zu Aquitanien so unterschiedliche Regionen wie das Bordelais, Béarn und Baskenland, »les Landes« und die Dordogne mit dem Périgord. Alle eint die Liebe zum Geflügel. Im Bordelais dürfen Sie sich feine Terrinen und Pasteten aus Wildgeflügel nicht entgehen lassen. Eine Spezialität im Baskenland ist »poulet à la basquaise«, Hähnchen mit scharfer Tomatensauce. In der Dordogne stehen üppige Gerichte mit Ente oder Gans, Perlhühnern und schwarzen Puten auf der Speisekarte, z.B. »confit de canard«, Ente, die im eigenen Fett eingemacht wurde, Salate mit »gésiers«, Gänsekropf, garniert. Und die größte Köstlichkeit für viele Feinschmecker: die Gänsestopfleber »foie gras«, die allerdings Tierschützern den Magen herumdreht.

Das Land des Wassers hat natürlich auch Fisch und Meeresfrüchte in Hülle und Fülle zu bieten: an der baskischen Küste »chipirons«, Tintenfische, oder »ttorro«, ein Seefischragout, die fleischigen Austern aus Arcachon, in der Dordogne kleine Bratfische »la friture« oder im Béarn Forellen aus den Pyrenäenflüssen, serviert in weinwürziger Marinade. Ein Tröpfchen Trüffelsaft oder nur ein paar Gramm des raren Trüffelpilzes machen Rührei, Mandelforelle und Saucen im Périgord zu unvergleichlichen Delikatessen. Im Baskenland geben »piments«, grüne und rote Pfefferschoten, Fleisch- und Fischgerichten Würze. Im Bordelais sind die wichtigsten Zutaten Knoblauch, Schalotten und natürlich Wein. Wen wundert's? Wachsen am linken und rechten Ufer der Gironde doch die teuersten und wohl auch besten Rotweine der Welt, daneben auch elegante trockene Weißweine in Graves und auch die berühmten süßen Weißweine, die Sauternes.

Bodenbeschaffenheit, Tradition und Qualitätsstreben lassen im Médoc und Haut-Médoc, Saint-Emilion und Pomerol Rotweine von unvergleichlicher Größe entstehen. Vergessen Sie darüber aber nicht die übrigen Weine Aquitaniens: Jurançon aus dem Béarn, einen fülligen Süßwein, Irouléguy, den kräftigen, baskischen Rotwein, oder den vollmundigen Bergerac.

AUVERGNE

Im Land der sanften Ebenen und erloschenen Vulkane, der fruchtbaren Flusstäler und kargen Bergrücken züchten Bauern Schweine, Schafe und Geflügel aller Art. Hier wird ländlich-deftig aufgekocht: »potées«, Eintöpfe mit Gemüse, Speck und Würstchen, »tripoux«, mit Kalbsinnereien und Kräutern gefüllte Hammelfüße, oder »friands«, Blätterteigpastetchen, z. B. mit Schweinemett, stehen auf der Speisekarte. Außerdem auch »lentilles«, feine, grüne Linsen aus dem Puy-Tal. Probieren Sie Traditionelles wie die »vichyssoise«, die sahnige Kartoffel-Lauch-Suppe aus Vichy, die kalt und mit viel Schnittlauch bestreut gereicht wird, rohe und gekochte Schinken, Schweineleberpasteten, luftgetrocknete Würste oder auch feines Kalbsbries, »ris de veau«.

Auf den grünen Weiden der Auvergne grasen die braunen Rinder von Salers. Die Kühe geben die Milch für viele berühmte Käse, z. B. für den Bleu d'Auvergne, einen Roquefort ähnlichen Blauschimmel-Käse, oder für den Fourme d'Ambert, einen Edelpilzkäse mit intensiv-aromatischem Geschmack. Den Cantal stellten »fromagers« vermutlich schon vor mehr als 2000 Jahren her. Mit seinem fein-erdigen Geschmack macht er auch heute noch Furore in ganz Frankreich. Ein weiterer Klassiker aus der Auvergne, der Saint-Nectaire, begeisterte mit seinem dezenten Nussaroma schon die Feinschmecker am Hofe Ludwigs XIV. Ursprünglicher als »laitiers«, Molkerei-Käse, schmecken übrigens die »fermiers«, die Käse vom Bauernhof, die meist aus Rohmilch nach traditioneller Art hergestellt werden.

An der Côte d'Auvergne, dem Anbaugebiet um die Stadt Clermont-Ferrand, wachsen rustikale Rot- und Roséweine aus der Gamay-Traube und auch Chardonnay-Weißweine. Und nach einem »menu du terroir« beruhigt ein Marc d'Auvergne, ein Tresterbranntwein, oder eine Verveine du Velay, ein Likör aus 33 verschiedenen Kräutern und Pflanzen, den Magen. Sein Geschmack nach wildem Eisenkraut ist allerdings nicht jedermanns Sache. Heilsam wirken in jedem Fall die leicht sprudelnden Mineralwässer, z. B. aus Vichy oder Badoit.

BOURGOGNE (BURGUND)

Ein Königreich für Schlemmer und Weintrinker: Hier wachsen die Burgunder, seit Jahrhunderten Inbegriff hervorragender Weine. Im Norden gedeihen die begehrten weißen Chablis, im Süden bezaubert das Mâconnais mit samtigen Rotweinen aus der Gamay-Traube. Dazwischen die schmalen, von Gestrüpp durchzogenen Hänge der Côte d'Or, die Weine von allerhöchster Qualität liefern: An der Côte-de-Beaune wachsen elegante Rotweine und feine, füllige Weißweine wie der Meursault. Die klassischen, großen roten Burgunder stammen von den Hängen der Côte-de-Nuits. Spitzenlagen sind z. B. Bonnes Mares, Chambertin, Musigny, Romanée-Conti, Clos de Vougeot. Die größte Aufmerksamkeit erzielt allerdings der neue Wein aus dem Beaujolais, der als Primeur am 3. Donnerstag im November gefeiert wird.

Auch in der Küche Burgunds spielt Wein die Hauptrolle. Ob Fleisch, Geflügel aus der benachbarten Bresse, Wild oder auch pochierte Eier, »œufs en meurette«: Rote Burgunder bilden die Basis der dunkel-würzigen, weiße der hell-sämigen Saucen. Köstlich in Chablis zubereitet: »bar«, Barsch, oder »quenelles de brochet«, Hechtklößchen. Es gibt sogar eine »soupe au vin«, eine Rotwein-Gemüse-Suppe. Doch in Burgund gedeihen nicht nur Weintrauben, auch

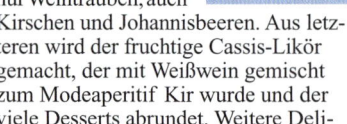

Weinlese in Burgund.

Kirschen und Johannisbeeren. Aus letzteren wird der fruchtige Cassis-Likör gemacht, der mit Weißwein gemischt zum Modeaperitif Kir wurde und der viele Desserts abrundet. Weitere Delikatessen: das zarte Fleisch der Rinder, die im Charolais aufwachsen, der Schinken aus dem Morvan, meist als »jambon persillé« in Aspik mit reichlich Petersilie serviert, die Weinbergschnecken »escargots«, gekocht in Chablis und mit herrlich knoblauch-angereicherter Kräuterbutter serviert, »crème de noix«, Walnuss-Cremesuppe, Senf aus Dijon und »Charolles«, kleine runde Käse, meist aus Ziegenmilch.

BRETAGNE

Im sagenumwobenen Land am Meer isst man die besten Austern, die frischesten Muscheln, Atlantikfische wie »lotte«, »loup de mer« oder »limande«, Rotzunge. Bestellen Sie als Vorspeise »coquilles Saint-Jacques«, edle Jakobsmuscheln, »fruits de mer«, Austern, Muscheln und Taschenkrebse, auf gestoßenem Eis serviert, oder »crevettes de Bretagne«, kleine und große Garnelen, die man selbst schält und dann in Mayonnaise dippt.

Auch das Rezept für den »homard à l`américaine« stammt nach Meinung der Bretonen aus ihrer Heimat, benannt nach Armorika, dem bretonischen Wort für »Land am Meer«. In traditionsbewussten Restaurants steht deshalb korrekt »homard à l´armoricaine« auf der Speisekarte. Doch ob nach Neuer oder Alter Welt bezeichnet: Der meist mit Cognac, Kräutern, Tomaten und Knoblauch zubereitete Kardinal des Meeres ist eine Delikatesse. Lassen Sie sich dazu einen gut gekühlten Muscadet aus dem nahen Nantais schmecken.

Weitere Spezialität: würzige Lammkeule, zubereitet mit »pré-salé«, Fleisch von Tieren, die auf salzhaltigen Wiesen an der Atlantikküste gegrast haben. Im Finistère, im äußersten Zipfel der Bretagne, gedeihen – vom nahen Golfstrom mit mildem Klima verwöhnt – Obst und Gemüse von A(rtischocken) bis Z(wiebeln), sogar Feigen und Granatäpfel.

Im Landesinneren werden Rinder, Schweine, Gänse, Enten und Hühner gehalten, zählen »potées« zur typischen Küche. Vorsicht, die Eintöpfe mit Kohl, Schweinefleisch und geräucherter Wurst sind nicht empfehlenswert für zarte Naturen! Molkereien stellen die würzige »beurre demi-sel« her, die leicht gesalzene Butter, mit der auch süße Spezialitäten, z. B. kuign-anan, gebacken werden, der bretonische Butterkuchen, der leicht angewärmt am besten schmeckt. In Crêperien können Sie die berühmten hauchdünnen Pfannkuchen in 101 Variationen bestellen – als Entrée, Hauptgericht und natürlich als Dessert. Probieren Sie neben den süßen »crêpes« vor allem die mit Buchweizen zubereiteten, pikant gefüllten »galettes«. Der richtige Begleiter ist gut gekühlter Cidre, das Lieblingsgetränk der Bretonen.

Burgund

CENTRE-VAL DE LOIRE (ZENTRUM LOIRETAL)

Ein beschauliches Paradies, das Frankreichs Könige nicht ohne Grund als Wohnsitz wählten. In der Touraine liegt der Garten der Nation: Sanftes Klima und fruchtbarer Boden lassen Äpfel, Birnen, Erdbeeren, Pflaumen, Spargel und feine Gemüse gedeihen. Champignons werden im großen Stil gezüchtet. Es gibt, wie auch im Orléanais, reichlich Geflügel, Kaninchen, in den Wäldern Rebhühner, Fasane und Rotwild. Süßwasserfische von Aal bis Zander liefern die Loire und ihre vielen Nebenflüsse.

Und auch Wein fühlt sich wohl in »le val«, wie die Franzosen das Loiretal kurz nennen. In Vouvray werden aus der Chenin-blanc-Traube trockene und süße Weiße gekeltert. Gute Rotweine stammen aus Bourgueil und Chinon, leichter Rotwein aus dem Orléanais. An der oberen Loire wird der fruchtig-würzige Sancerre angebaut, gleich gegenüber der berühmte Pouilly-Fumé, beide aus der Sauvignon-blanc-Traube gekeltert.

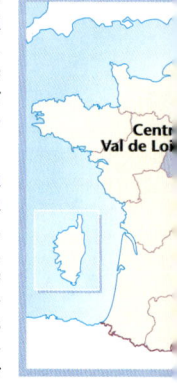

Bei der Fülle an Produkten ist der Tisch im Herzen Frankreichs reich gedeckt. Entdecken Sie Spezialitäten aus der »charcuterie«: »pâtés«, feine Pasteten und Terrinen mit Fisch, Fleisch, Wild oder Geflügel, »rillettes« oder deftige Würste. Genießen Sie die erlesenen Fischgerichte, z. B. einen mit Spinat und Champignons gefüllten Karpfen, »carpe farcie à l'orléanaise«, in Rotwein zubereitetes Zanderfilet oder Loire-Lachs, gedünstet in Pouilly-Fumé. Zahlreich sind die Fleisch-, Geflügel- und Wildgerichte: Hühnersuppe und -frikassee, Schweineschnitzel, »escalope de porc«, mit Backpflaumen angerichtet, »civet de lièvre«, Hasenragout in dunkler Rotweinsauce, oder »caneton Saint-Martin«, junge, in Wein marinierte Ente, deftig gefüllt und wie Pastete kalt aufgeschnitten.

Zum Dessert dürfen Sie sich die »tarte des demoiselles Tatin« nicht entgehen lassen, einen mit Karamell überzogenen Apfelkuchen. Probieren Sie auch die Ziegenkäse, den kleinen, festen Crottin de Chavignol oder Pouligny-Saint-Pierre, dem die Franzosen wegen seiner hohen Form den Namen »tour Eiffel«, Eiffelturm, verpassten.

CHAMPAGNE-ARDENNES (CHAMPAGNE-ARDENNEN)

Der Mönch Dom Pérignon »erfand« das Getränk, das die Champagne und ihre Städte Reims und Épernay über alle Grenzen Frankreichs hinaus berühmt machte. Nicht nur der Preis, auch Auswahl der Rebsorte, sorgfältige Lese, Weinbereitung und vor allem die »méthode champenoise«, die zweite Flaschengärung mit Lagerung auf der Hefe, unterscheiden Champagner von anderen Schaumweinen. Probieren Sie auch »Blanc de Noirs«, einen Champagner, der nur aus dunklen Trauben gekeltert wird, und die »stillen« Weiß-, Rot- und Roséweine.

Natürlich hat das edle Getränk auch Einfluss auf die Küche der Champagne. Ob »rognons de veau«, »brochet braisé« oder »poulet sauté«: Eine Champagnersauce mit einer ordentlichen Portion Crème fraîche verfeinert Kalbsnieren, Hecht und geschmortes Hähnchen. Und auch Wildschwein oder -geflügel aus den Wäldern der Ardennen wird gern mit einem Gläschen Champagner zubereitet.

Neben Weinbergen und Ardennen-Wäldern gibt's in diesem Teil Frankreichs auch Äcker und Weiden. Und neben erlesenen Spezialitäten in exquisiten Restaurants eben auch Bodenständig-Schlichtes: »boudin«, Blutwurst, »andouillette«, Kuttelwurst, Räucherschinken aus den Ardennen, Schweinefüße oder Kalbskopf. Auch Salat wird mit deftiger Note serviert, etwa »pissenlits au lard«, Löwenzahnsalat mit Speck. In den Ardennen garen Lauch, Endivien und Kartoffeln in Milch zur »soupe au lait ardennaise«.

Champagnerlagerung in den Kreidestollen von Reims.

Typische Desserts: Champagnercrème und Champagnersorbet, das auch zwischen den Gängen eines großen Menüs den Gaumen erfrischt. Kosten Sie auch »meringues«, feine Baisers. Liebhaber milder Kuhmilchkäse freuen sich in der Champagne über den »carré de l'est«, einen Verwandten des Brie, oder den leicht säuerlichen »chaource«.

CORSE (KORSIKA)

Hier blühen Zitronen und Clementinen, duften Thymian und Rosmarin, gedeihen Pinien, Kastanien- und Olivenbäume, Tomaten und Zwiebeln prächtig. Das Meer liefert Fische und Krustentiere, etwa die berühmten roten Langusten. »Aziminu« nennt sich die korsische »bouillabaisse« mit Muscheln, Fischen, Krustentieren und einem kräftigen Kräuteraroma.

Durch die Wälder streunen Wildschweine. Spezialitäten: »rôti de sanglier«, Wildschweinbraten, der mit Esskastanien und Wein geschmort wird, und »terrine de sanglier«, Wildschweinterrine.

Blick vom Col de Bavella.

Überhaupt finden Sie jede Menge Schweine auf Korsika, die frei gehalten werden und vor allem Eicheln und Wurzeln futtern. Das gibt ihrem Fleisch eine würzige Note und den daraus gemachten Spezialitäten der korsischen »charcuterie« unvergleichlichen Geschmack. Probieren Sie »figatelle«, gegrillte Leberwürstchen, oder »coppa«, Schinken, der über Kastanienfeuer geräuchert wird. Und falls Sie es auf der Karte finden, bestellen Sie sich auch einmal Zicklein, »cabri«, eine nicht alltägliche Delikatesse. Die typisch-korsische Küche ist einfach und gut und wenig französisch. So haben Nudelauflauf mit verschiedenen Fleischsorten, »stufatu«, und auch mit Käse gefüllte Ravioli eher italienische Wurzeln. Da aber mittlerweile viele Restaurantbesitzer Franzosen sind, haben sich die Stile vermischt.

Korsika

Zu einfachen Inselspezialitäten schmeckt korsischer Landwein. »Vin de Corse Contrôlé« heißt die Ursprungsbezeichnung für bessere Weiß-, Rosé- und Rotweine, Appellationen sind Ajaccio und Patrimonio.

Genießen Sie pikante Ziegenkäse aus dem Norden der Insel, etwa den rechteckigen Niolo. Broccio, Frischkäse aus Ziegen- und Schafmilch, essen Sie stilecht zu Kastanienmehl-Krapfen.

FRANCHE–COMTÉ

Vom Tal des Doubs steigt das Land zum Jura an. In den Tälern und auch auf den Hochplateaus werden Rinder gezüchtet. Aus der Kuhmilch macht man Butter, Sahne und Käse, die wichtigsten Zutaten in der Küche der Franche-Comté.

Die Gebirgsbäche und -flüsse sind voll mit Forellen, Krebsen, Karpfen und Hechten, in den Wäldern gibt es noch reichlich Wild. Hier sprießen Pilze, vor allem Morcheln, »morilles«, auch Kaiserlinge, »oronges«, und sogar Trüffel. Genießen Sie Krebse, Forellen oder Morcheln ganz typisch »à la crème«, in Sahnesauce. Auch Fleischgerichte werden traditionell mit sahnigen Saucen und Morcheln serviert, z. B. »carré de veau aux morilles«.

Franche-Comté

Deftige Spezialität in der Franche-Comté: »saucisson de Morteau«, geräucherte Schweinswurst, die auch »le jésus« genannt wird und jeden Eintopf und jedes Gericht mit Kohl oder Sauerkraut bereichert. Nationalspeise ist eine Maismehlsuppe, »gaude« genannt.

Ein Käse wie das Land: der Comté, auch Gruyère de Comté genannt, stammt von Rindern, die nur auf Almwiesen weiden. Einer vier- bis fünfmonatigen Reifezeit verdankt er seinen kräftig-aromatischen Geschmack, den er auch der »tarte au fromage«, einer pikanten Käsetorte, verleiht.

In mehr als 700 Metern Höhe wird der mild-aromatische Vacherin du Haut-Doubs erzeugt, auch Vacherin Mont d'Or genannt. Er reift in Nadelholzschachteln. Leicht bitter schmeckt der Bleu de Gex-Haut-Jura, ein großer, mit Blauschimmel marmorierter Edelpilzkäse. Mild-aromatisch dagegen der Morbier, der schon seit mehr als einem Jahrhundert in dem gleichnamigen Städtchen hergestellt wird. Sein typisches Kennzeichen: die Kohleschicht in der Mitte des Laibs.

Weinraritäten sind »vin jaune«, ein gelber, Sherry-ähnlicher Wein, und »vin de paille«, edelsüßer Strohwein, dessen Trauben vor dem Keltern getrocknet wurden.

PARIS – ÎLE-DE-FRANCE

Eine typische Pariser Küche gibt es nicht. In Paris können Sie aber sämtliche Küchen Frankreichs und nahezu alle Küchen der Welt kennen lernen. Und wenn Ihnen ein Pariser das »restaurant branché« verrät, das In-Lokal, das, wie in jeder Großstadt, häufig wechselt, können Sie an der Seine auch den aktuellsten kulinarischen Trends nachspüren. Was gerade wächst und gedeiht, bekommen Köche auf dem Pariser Großmarkt in Rungis. Was es hier nicht gibt, können Sie wahrscheinlich auf keinem Markt der Welt kaufen.

Mag es keinen typischen Pariser Stil geben, so wurden doch auch in der Vergangenheit viele berühmte Gerichte in Pariser Küchen kreiert, so die »soupe à l'oignon«, die mit Käse gratinierte Zwiebelsuppe, die hier auch »gratinée des Halles« heißt, oder die »pommes soufflés«, die feine Variante der Pommes frites. Bedeutende Köche schufen hier Saucenklassiker, z. B. die »Sauce Bercy« aus Weißwein, Schalotte und Fischfond. Viele Spezialitäten stammen aus Pariser Backstuben: die luftig-leichten »brioches«, die knusprigen »baguettes«, die nicht älter als einen halben Tag sein dürfen, die herrlich duftenden »croissants» und »Paris-Brest«, der Brandteigkranz mit cremig-zarter Füllung und Mandelstiften obendrauf. Und einen Weinberg gibt's auch in Paris, und zwar am Montmartre. Kaufen können Sie die Weine dieser außergewöhnlichen Lage aber nicht.

Rund um die Hauptstadt: ein Obst- und Gemüsegarten, die Île-de-France. Sie ist berühmt für grüne Bohnen, kleine Erbsen, weiße Rüben. In Argenteuil reift Spargel, in Crécy wachsen die angeblich aromatischsten Möhren (immerhin wurden viele klassische Möhrengerichte nach der kleinen Stadt benannt). Fische liefern die Flüsse, Wild die Wälder. Probieren Sie hier die königliche »soupe à la reine«, mit Mandeln verfeinerte, gebundene Hühnerbrühe, oder »potage Saint-Germain«, eine fein pürierte Erbsensuppe. Der berühmte »Brie« verdankt seinen Namen der gleichnamigen Landschaft östlich von Paris. Die besten Brie werden aus Rohmilch gemacht und dürfen sich nach ihrem Ursprungsgebiet »Brie de Melun« oder »Brie de Meaux« nennen.

LANGUEDOC-ROUSSILLON

Um große Küche konnten sich die Bauern des Languedoc-Roussillon jahrhundertelang nicht kümmern. Hier war man froh, satt zu werden. So gibt es keine eigenständige Küche, allerdings ein Nationalgericht: In Castelnaudary, im südlichen Languedoc, wurde angeblich das erste »cassoulet« geschmort, das im ganzen Südwesten auf Speisekarten zu finden ist. Ob traditionell-deftig mit weißen Bohnen, Schweinehaxe, Gänse-Confit, Speck und Würstchen oder in einer abgespeckten Version zubereitet – der Eintopf schmeckt am besten aufgewärmt.

Die Küche ist im größten Teil des Languedoc-Roussillon mediterran angehaucht, auch vom spanischen Nachbarn im Süden ein wenig inspiriert. Fleisch- und Fischgerichte werden mit Tomaten, roten Paprika, Zwiebeln und Knoblauch, vor allem Olivenöl zubereitet. Und wie in der nahen Provence runden Thymian und Rosmarin Fleischgerichte ab. In den Cevennen wird traditionell deftiger gekocht, mit Butter und Sahne nicht gespart. An der Küste können Sie Austern und Muscheln probieren. Und natürlich Fisch, fangfrisch. Was aber in Sète, dem großen Fischereihafen, angelandet wird, stammt leider nur noch selten aus dem Mittelmeer. Typisch: »soupe de poissons à la sètoise«, Fischsuppe mit Krustentieren, roten Paprikaschoten und Nudeln. Lange floss im Languedoc der Billigwein in Strömen. Mittlerweile aber setzen immer mehr Winzer auf Klasse statt Masse, z. B. in Saint Chinian oder La Clape, einem Anbaugebiet zwischen Narbonne und Meer. In der Gegend der Corbières betreiben immer mehr Winzer biologischen Weinbau. Ein traditioneller, feiner Schaumwein: der Blanquette de Limoux, der als Aperitif oder zum Dessert schmeckt. Einer der elegantesten Roséweine Frankreichs stammt aus Tavel. In Lirac wachsen ebenfalls Rosés. Probieren Sie den alkoholreichen Likörwein Banyuls, z. B. zu »croustades à la languedocien«, süßen Blätterteigkuchen mit Mandeln.

Pélardon heißt ein kleiner weicher Ziegenkäse mit würzig-aromatischem Geschmack. In vielen Variationen stellen ihn »fromagers« im Languedoc und auch im Roussillon her.

LIMOUSIN

Fern vom Meer und doch Wasser im Überfluss: Kleine Bäche und Wasserfälle, Seen und Flüsse durchziehen die abwechslungsreiche Landschaft im Limousin. In hoch gelegenen Mooren und Heidegebieten werden Schafe gezüchtet. In niedrigeren Lagen weiden Rinder auf sattgrünen Wiesen. Sie bleiben das ganze Jahr über im Freien, liefern Fleisch von bester Qualität. Hier reifen Steinpilze und Pfifferlinge, Buchweizen und anderes Getreide, hier wachsen Heidelbeeren, Esskastanien- und Nussbäume. Die Franzosen lästern, dass »les Limousins« Kastanien essen und sich nicht einmal darüber beklagen. In Dörfchen mit schindelgedeckten Häusern, aber auch in Limoges können Sie die traditionelle Küche kennen lernen.

Sie orientiert sich an den Produkten des Landes, ist bodenständig, fast sparsam und vielleicht gerade deshalb so gut. Probieren Sie die aromatischen Pilzgerichte wie Steinpilzragout, »fricassée de cèpes«, oder Tarte mit Pfifferlingen, »tarte aux girolles«. Genießen Sie »pintade à la limousin«, Perlhuhn mit Kastaniengemüse, oder ein anderes Fleischgericht, etwa Kaninchen, geschmort auf dem typischen, Kastanien aromatisierten Rotkohl: »lapin confit au chou rouge et aux châtaignes«. Auch Eintopf hat das Limousin zu bieten, mit Ochsenschwanz, Hammelbrust oder Huhn und reichlich Gemüse gekocht, daneben eine mit Kastanien zubereitete Blutwurst, »boudin«, oder »le jambon sec frotté à l'ail«, einen Schinken mit leichtem Knoblaucharoma.

Edelkastanien

Zum Dessert müssen Sie »clafoutis« nehmen, den weltberühmten, saftigen Kirschkuchen, der auch mit anderen Früchten gebacken wird. Oder »flaugnarde«, einen flachen Butterkuchen, z.B. im Herbst mit Birnen zubereitet.

LORRAINE (LOTHRINGEN)

Die Küche Lothringens wird mit der Elsässer Küche oft in einen Topf geworfen. Tatsächlich gibt es auch hier eine Bauernküche mit ländlich-deftigen Spezialitäten. Daneben aber zeigt »la cuisine lorraine« auch eine feine Richtung, die eher an der klassisch-französischen Küche orientiert ist und auch traditionellen Gerichten Raffinesse verleiht. Probieren Sie »pintade rôti«, gebratenes Perlhuhn, oder »gras double lorraine«, Kutteln auf lothringische Art mit Gemüse und geriebenem Käse, abgeschmeckt mit Kräutern und Zitronensaft.

Die rustikale Küche Lothringens liebt Herzhaftes aus und mit Schweinefleisch, »potées«, Eintöpfe, »boudin« und »andou-

illettes«, Blutwurst und andere Würste, Schinken, paniertes Kotelett und Spanferkel. Und auch Kohl in jeder Farbe und Eier in jeder Form: als Omelette oder mit Crème fraîche und Räucherspeck auf der berühmten Torte. Suchen Sie die »quiche lorraine« auf der Speisekarte? Hier heißt sie oft »féouse«. Versuchen Sie als Vorspeise auch die gedeckte, oft feinere Version, »la tourte«, mit Schweine- und Kalbfleisch, oder »pâté lorrain«, Blätterteigpastete mit üppiger Sahne-Speck-Füllung.

Lothringens Obstgärtner kultivieren Mirabellen, Zwetschgen, Himbeeren und Kirschen. Die Früchte krönen Kuchen und Desserts, werden zu Marmeladen eingekocht und als Kompott zu Pikantem gereicht

Vor allem aber werden daraus die lothringischen Lebenswässerchen »les eaux-de-vie« gebrannt: Mirabellenschnaps, Himbeergeist und Kirschwasser.

Naschkatzen lieben »macarons de Nancy«, Mandelmakronen, »madeleines«, kleine Kuchen in Muschelform, denen Marcel Proust in seinem Roman »Auf der Suche nach der verlorenen Zeit« ein Denkmal setzte. Und »baba au rhum«, einen mit reichlich Rum getränkten Napfkuchen.

An der Mosel wachsen Rot-, Weiß- und sehr helle Roséweine, »vins gris« genannt. Die Lothringer trinken auch häufig Bier oder Wasser aus den Vogesen, z.B. aus Vittel.

Midi-Pyrénées (Pyrenäen)

Vom südlichen Zentralmasssiv bis zu den Pyrenäen reicht die Region zwischen Aquitanien und Languedoc-Roussillon, umfasst sanfte Landschaften, spektakuläre Berge und Schluchten. Vor allem im Norden gibt's Milchwirtschaft und Rinderzucht, auf den Bauernhöfen werden Schweine, Schafe und Geflügel gehalten.

Viele Zutaten der traditionellen Küche stammen aus den Wäldern: Rebhuhn, »perdrix«, Fasan, »faisan«, oder Hase, »lièvre«. Steinpilze, »cêpes«, und würzige Maipilze »mousserons«, kleine, weiße Blätterpilze, die im Mai in Buchenwäldern erscheinen und meistens konserviert werden. Auch Walderdbeeren, Himbeeren, Kastanien und Walnüsse, die zu Nussöl gepresst werden. Probieren Sie reich garnierte und mit Walnussöl aromatisierte Salate, z. B. »salade de châtaignes au magret de canard«, Salat mit Esskastanien und Entenbrust.

Weitere Spezialitäten sind Hammelbraten, z. B. mit Wacholderbeeren gewürzt, und wie im Languedoc »cassoulet«. Neben Gänse-Confit und Speck gehören hier unbedingt Toulouser Würste in den traditionellen Bohneneintopf. In der Gascogne aromatisiert ein Schuss Armagnac Suppe und Saucen. Der Weinbrand aus dem Armagnac-Gebiet schmeckt auch hervorragend als Digestif. An den Hängen des Lot wächst der Cahors. Wegen seiner dunkelroten Farbe trägt er den Beinamen »vin noir«, schwarzer Wein. In guten Jahren kann er einem Bordeaux Konkurrenz machen. Probieren Sie auch Madiran-Rotwein aus der Gascogne. Weißweine stammen aus Gaillac: trockene, perlende und auch leicht süße.

Die Region ist ein Paradies für Käseliebhaber: Aus Aubrac stammt der Laguiole, ein wunderbar eigenwilliger Käse. Aus dem Norden kommt auch Tomme fraîche, ein frischer, ungereifter Käse, mit dem »aligot« zubereitet wird, ein köstliches Kartoffel-Käse-Püree. In den Höhlen der Region um Roquefort reift der berühmte gleichnamige Edelpilzkäse aus Schafmilch. In den Pyrenäen bekommen Sie würzige Schafmilchkäse, »pyrénées pur brebis«, kurz »brebis« genannt.

Nord, Pas-de-Calais
(Norden, Strasse von Calais)

Ob »bière brune« oder das hellere »bière blonde«: Wie die belgischen Nachbarn, so lieben auch die Franzosen aus Lille oder Calais das Bier, eiskalt getrunken zum üppigen Essen oder auf »kermesses«, fröhlichen Festen.

Und in Frankreichs nördlichster Region hat Bier auch einen Stammplatz in der Küche. Probieren Sie »soupe à la bière«, Suppe mit Geflügelbrühe, Bier und Brot, oder »coq à la bière«, Hähnchen in Biersauce. Hopfen wird hier in großem Stil angebaut, wie auch Getreide, Flachs und Gemüse, z. B. Chicorée, der in Frankreich »endive« heißt und den man hier auch auf belgi-

sche Art »chicon« nennt. Das alte Flandern beeinflusste nicht nur entscheidend die Geschichte des französischen Nordens, sondern auch die Küche. Kosten Sie »flamiche aux poireaux«, einen pikanten Lauchkuchen.

Lieben Sie Fisch und Schalentiere? Dann sind Sie im hohen Norden richtig gelandet, denn Boulogne-sur-Mer ist Frankreichs größter Fischereihafen. Hier bekommen Sie Heringe, frisch, gesalzen oder geräuchert, Muscheln, Makrelen und auch See-Aal. Sehr beliebt, wenn auch nicht unbedingt Favorit bei Feinschmeckern: »moules pommes frites«, Miesmuscheln mit Pommes frites.

Auch Käse hat der Norden zu bieten: »mimolette«, einen milden, runden Kuhmilchkäse, und den aromatischen »vieux lille«, den die Franzosen treffend »puant«, Stinker, nennen.

Frisch auf dem Markt: Muscheln und Austern

NORMANDIE

Ob Basse oder Haute-Normandie: Fisch und Meeresfrüchte spielen auf den Speisekarten an der Küste eine Hauptrolle: »moules« in vielen Variationen, z. B. »à la fécampoise«, mit Kartoffeln zubereitet, oder auch »à la crème«, in Sahnesauce. Große Garnelen oder kleine Hummer werden hier »demoiselles de Cherbourg« genannt und im Kochsud oder gratiniert serviert. Eine Spezialität ist »sole«, Seezunge, mal mit Krabben und Champignons, mal mit Schnittlauch, Petersilie und Kerbel abgerundet, aber auf jeden Fall in Sahnesauce serviert.

Neben Meeresfrüchten zeichnet der Reichtum an Milchprodukten die Normandie aus: Von sattgrünen Weiden verwöhnte Kühe liefern gut schmeckendes Fleisch und fette Milch. In normannischen Molkereien entsteht daraus die dicke Crème fraîche, auch Butter mit feinem Nussaroma und natürlich der berühmte Weißschimmelkäse, der das Städtchen Camembert zum Begriff in aller Welt machte. Ein Denkmal ehrt die normannische Bäuerin Marie Harel, die kurz nach der Französischen Revolution den mild-würzigen Käse erfand. Echter Camembert wird aus Rohmilch hergestellt und wiegt genau ein halbes Pfund. Einige Jahrhunderte älter ist der Pont-l'Évêque, ein berühmter Stinker mit kräftigem Geschmack, dem ebenfalls eine kleine Stadt den Namen gab. Der dritte Prominente der Normandie: Livarot, ein pikanter Weichkäse mit rot-orangefarbener Schmiere.

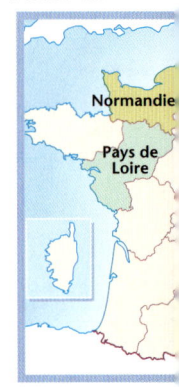

Neben Milchprodukten geben Äpfel, »Cidre«, Apfelwein, und »Calvados«, Apfelschnaps, Gerichten echt normannischen Geschmack. Probieren Sie »tripes à la mode de Caen«, einen deftigen Kutteleintopf mit Gemüse und Bouillon, der mit Cidre und Calvados abgeschmeckt wird, oder »poulet vallée d'Auge«, mit Calvados flambiertes Hähnchen in Sahnesauce. Und auch »bourdelots«, süße Apfeltaschen, sollten Sie sich nicht entgehen lassen. Lassen Sie sich dazu auch Cidre schmecken, »doux«, süß, oder »sec«, trocken. Und am Ende eines normannischen Menüs – oder wenn Sie mögen auch zwischendurch – ein Gläschen Calvados.

PAYS DE LOIRE (LAND DER LOIRE)

Vom Atlantik bis zur Sarthe, von der Mayenne bis zur Vendée reicht das Land, das die Loire verbindet: Die Gegend um Nantes, die stark bretonisch geprägt ist, der Norden, der an die Normandie grenzt, das charmante Anjou zählen dazu und bieten gemeinsam alles, was das Feinschmeckerherz begehrt: Die Atlantikküste sorgt für Fisch und Meeresfrüchte. Probieren Sie z. B. »bar au beurre-blanc«, Seebarsch in einer feinen Buttersauce. Die Flüsse liefern Maifisch, »alose«, Zander, »sandre«, und Aal, aus dem die Köche im Anjou mit Rotwein, Kräutern und Champignons ein würziges Ragout, »matelote«, zaubern.

Die Bauern im Pays de Loire züchten Schweine und Geflügel. Auf jeder Speisekarte stehen Ente, »canard«, und »fricassée de poulet«, Hühnerfrikassee. Aus den Wäldern stammen Wild und Wildgeflügel. Typisches Gericht in der Vendée: »pâté vendéen«, Kaninchenterrine. In der Nähe von Nantes gedeihen »primeurs«, Frühgemüse wie Radieschen, Blumenkohl und Möhren.

Ein sahniges Dessert, das auf der Zunge zergeht: »Crémets d'Angers«, aus Frischkäse zubereitet und meist mit frischen Früchten serviert. Auf den Käseplatten im Pays de Loire sind meist die klassischen Trappistenkäse vertreten: runde, halbfeste Kuhmilchkäse.

Weintrinker haben die Qual der Wahl: Würzig-fruchtige Rotweine stammen aus dem Anjou, dem Anbaugebiet rund um die Stadt Angers, die besseren aus Anjou-Villages, bestimmten Gemeinden des Anjou. Der Rosé d'Anjou allerdings ist nur Liebhabern einfacher, süßer Weine zu empfehlen. Zwei große, füllige Dessertweine dagegen sind Bonnezeaux und Quarts-de-Chaume.

In Anjou-Saumur reifen trockene und auch halbtrockene Weißweine, aus denen nach dem traditionellen Champagner-Verfahren auch gute Crémants de Loire gemacht werden. An der Mündung der Loire, im Nantais, keltern Winzer den hellen, trockenen Muscadet, gut gekühlt ein wunderbarer Begleiter zu Fisch und Meeresfrüchten.

PICARDIE (PIKARDIE)

Sanft geschwungene Hügel, scheinbar endlose Wälder, Getreide- und Gemüsefelder, so weit das Auge reicht. Auf salzigen Wiesen an der Küste weiden Hammel, deren Fleisch eine würzig-salzige Note hat. Schweine werden hier gezüchtet und auch Geflügel. Berühmte Spezialität sind feine Entenpasteten, »pâtés de canard«, oft im Teigmantel, »en croûte«, serviert.

Die »paysans« der Picardie bauen vor allem Zuckerrüben an, und auch die Küche der Picardie zeigt eine Vorliebe fürs Süße. Viele Gerichte verbinden die dezente Süße feiner Früchte und eine Prise Zucker mit dem kräftigen Aroma von Fleisch, z.B. »lapin aux pruneaux«, Kaninchenragout mit Backpflaumen, oder »rôti de porc aux pommes«, Schweinebraten mit Äpfeln.

Weitere traditionelle Spezialitäten: »ficelles picardes«, gerollte, dünne Pfannkuchen, gefüllt mit Schinken, Béchamelsauce und Champignons, und als Dessert »gaufres«, süße Waffeln mit leichtem Rum- oder Orangenaroma, die auf keinem Familienfest in der Picardie fehlen dürfen.

Ein typischer Käse der Region: Maroilles, ein weicher Kuhmilchkäse mit orangefarbener bis rötlicher Flora und intensiv-kräftigem Aroma.

Poitou-Charentes

»Lapin aux pruneaux« - Kaninchen mit Backpflaumen

POITOU-CHARENTES

Beschauliches Poitou: Das sanft geschwungene Land der Flüsse und Kanäle leuchtet gelb – im Frühjahr wie der Raps, im Sommer wie Sonnenblumen. Die Bauern züchten Geflügel und Gemüse, z. B. »giraumons«, süßliche Kürbisse, die in einer sämigen Suppe zur köstlichen Spezialität werden.

Die kulinarischen Schätze der Charentes stammen vor allem aus dem Meer. An der Küste liegt Europas größtes Austernzuchtgebiet. Hier können Sie den Unterschied feststellen zwischen einer »claire«, einer einfachen Zuchtauster, und den »fines de claires«, tiefen, grünfleischigen Austern, die Gourmets für die besten der Welt halten. Hier werden auch Miesmuscheln in

großem Stil gezüchtet. Ein Lieblingsgericht ist »la mouclade«, auch »éclade de moules« genannt, Miesmuscheln, die über Piniennadeln vorsichtig gegrillt werden. So nehmen sie Duft und Aroma an. Manchmal werden die Muscheln auch – ähnlich wie im Bordelais – mit cremiger Wein-Sahne-Sauce serviert oder als Suppe, »soupe aux moules«. Weitere Spezialitäten sind »friture charentaise«, kleine, frittierte Fische, und »la chaudrée«, Fischsuppe mit Knoblauch und Kräutern. An der Küste können nen Sie hier Lammgerichte genießen mit »présalé«-Fleisch von Tieren, die auf salzigen Wiesen am Meer gegrast haben.

Im Tal der Charente werden die weißen Trauben angebaut, die – zu Wein bereitet und destilliert – dem Städtchen Cognac Weltruf verschafften. Der berühmte Weinbrand schmeckt als Digestif nach dem Menü und verleiht auch typischen Gerichten Klasse. Probieren Sie z.B. »lièvre à l'angoumoise«, Wildhase mit Rotwein und einem Schuss Cognac zubereitet. Mit rotem oder weißem Traubensaft verdünnt wird der edle Hochprozentige auch zum beliebtesten Aperitif der Gegend, dem »pineau«. Am besten langsam genießen, denn der frisch-fruchtige Geschmack überdeckt den Alkohol und verführt zu schnellem Trinken. Weitere Spezialitäten: Weinbergschnecken, »cagouilles«, die im Dampf gegart und mit Kräuter-Knoblauch-Butter serviert werden, die Butter der Charentes und der Ziegenmilchkäse aus dem Poitou, z.B: Chabichou du Poitou.

PROVENCE – ALPES – CÔTE D'AZUR

Provence – das ist ein Fest für alle Sinne. Die Küche duftet nach Knoblauch, Rosmarin und Thymian. Ob Auberginen, Aprikosen oder Zucchini: Unter der Sonne der Provence scheint alles üppiger und farbenprächtiger zu gedeihen als anderswo. Mit dem Gemüse- und Kräuterreichtum und dem wohl besten Olivenöl Frankreichs kann die Küche leicht glänzen: Wählen Sie als »hors d'œuvre«, Rohköstlichkeiten, »crudités«, serviert mit »aïoli«, der dicken Knoblauchmayonnaise, Omelette mit Artischocken oder ganz einfach die köstlich-fruchtigen Oliven, die es in der Provence in allen Farbschattierungen von mattgrün bis lackschwarz gibt. Löffeln Sie mit Genuss die Suppen, z.B. »soupe au pistou«, eine herrliche Gemüsesuppe mit Basilikum-Knob-lauch-Paste, oder »aïgo-boulido« mit reichlich Kräutern und Knoblauch. Aus Nizza stammt der Quer-Beet-Gemüseeintopf »ratatouille«, der Auberginen, Tomaten, Gemüsezwiebeln und Zucchini trefflich vereint, und natürlich der Salade niçoise, von dem es selbst in seinem »Geburtsort« zahlreiche Variationen gibt.

Zwar sind die Fanggründe des Mittelmeers bald ausgeschöpft – trotzdem gibt es an der Küste noch ein großes Angebot an Fisch. In Marseille können Sie ausfindig machen, ob Ihnen »bouillabaisse« am besten schmeckt, das weltberühmte, in würziger Brühe gegarte Fischragout, das mit knusprigen »croûtons« und »rouille«, scharf gewürzter Mayonnaise, gereicht wird. Oder ob Sie lieber »bourride« mögen, die mit Eigelb und »aïoli« gebundene Fischsuppe. Weitere Fischklassiker: »loup de mer«, Wolfsbarsch, mit Fenchel, »fenouil«, zubereitet, oder Goldbrasse, »dorade«.

Es gibt auch Fleischgerichte, vor allem Wild und Lamm, dem ein frischer Lavendelzweig provenzalische Note verleiht. Dazu paßt ein fruchtiger, gut gekühlter Rosé Côte-de-Provence. Probieren Sie auch den trockenen, weißen Cassis, oder einen frischen Rosé oder Weißwein aus Bellet. Zum Banon, einem kleinen runden Ziegenkäse, der – mit Tresterbrand beträufelt und in Kastanienblätter gewickelt – seine ganze Frische behält, passt ein kräftiger, roter Bandol. Der bekannteste Rotwein der Provence: Châteauneuf-du-Pape.

RHÔNE-ALPES
(RHÔNETAL, SAVOYEN UND DAUPHINÉ)

Die Nähe zur Rhône ist der gemeinsame Nenner dieser Region, zu der Savoyen, Dauphiné, Lyonnais, Bresse und Rhônetal gehören. Großzügig verteilt der Michelin alljährlich seine Sterne in Lyon. Und so behaupten die Lyoner ganz unbescheiden: »Woanders nimmt man Nahrung zu sich, hier isst man«. Tatsächlich ist hier die große Küche zu Hause. Die Köche profitieren dabei vom paradiesischen Umland. Hervorragendes Geflügel finden sie in der Bresse. Im südlichen Rhônetal wachsen Pfirsiche und Aprikosen, gedeihen Frühlingsgemüse. Im gebirgigen Norden der Dauphiné gibt es Milchvieh, Kastanien, Nüsse und Pilze. Fische

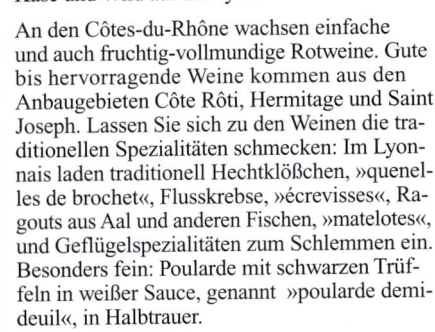

Rhône-Alpes

Provence-
Alpes-
Côte d'Azur

und Flusskrebse stammen aus Gebirgsflüssen, Käse und Wild aus Savoyen.

An den Côtes-du-Rhône wachsen einfache und auch fruchtig-vollmundige Rotweine. Gute bis hervorragende Weine kommen aus den Anbaugebieten Côte Rôti, Hermitage und Saint Joseph. Lassen Sie sich zu den Weinen die traditionellen Spezialitäten schmecken: Im Lyonnais laden traditionell Hechtklößchen, »quenelles de brochet«, Flusskrebse, »écrevisses«, Ragouts aus Aal und anderen Fischen, »matelotes«, und Geflügelspezialitäten zum Schlemmen ein. Besonders fein: Poularde mit schwarzen Trüffeln in weißer Sauce, genannt »poularde demideuil«, in Halbtrauer.

In der Dauphiné sollten Sie den typischen Salat mit Feldsalat, Chicorée und Walnusskernen probieren und natürlich den »gratin dauphinois«, das klassische Kartoffelgratin, das original nur mit Milch und Sahne, keinesfalls mit Käse zubereitet werden darf.

Im gebirgigen Savoyen spürt man die Nähe zum östlichen Nachbarn. Nationalgerichte sind Käsefondue und Raclette. Probieren Sie aber auch mal »civets«, Wildragouts, oder »gélinotte«, Haselhuhn. Käse hat Savoyen reichlich zu bieten, z.B. den Reblochon, einen Weichkäse aus Rohmilch, oder den mildwürzigen Beaufort, der im Sommer auf den Almen als Beaufort de montagne, Bergkäse, und im Winter in den Tälern als Beaufort laitier, Molkereikäse, hergestellt wird.

»Savoir vivre« – mit Baguettes...

DER KULINARISCHE
SPRACHFÜHRER

Mit dem folgenden Vokabular für Gourmets können Sie Bistrotafeln und Speisekarten zwischen Calais und Marseille, Straßburg und Brest leicht übersetzen. Hier stehen auch Getränkenamen. Alle Stichworte zum Thema Wein finden Sie im Weinlexikon, das auf Seite 73 beginnt.

à la Zubereitungsart

à la (à la mode de..) nach Art von

à point »auf den Punkt« gegart, fast durchgebraten, bei Fleisch: rosa, bei Wein: trinkreif

a, au, aux an, auf, bei, in, nach

A.O.C. (Appellation d'Origine Contrôlée) kontrollierte Herkunftsbezeichnung, üblich bei Wein (siehe auch Seite 75), aber auch bei Käse, Butter, Geflügel, Obst oder Gemüse. Die Qualitätsauszeichnung bekommen diese Produkte, wenn Herkunft und Herstellungsmethode bestimmten Richtlinien entsprechen.

abats *m* Innereien

abattis *m* **(abatis)** Geflügelklein

ablette *f* Laube, Weißfisch (Süßwasserfisch)

Abondance pikanter Kuhmilchkäse (Savoyen)

abricot *m* Aprikose

accun(i)cciatu *m* Ragout aus Hammel-, Lamm- und/ oder Pferdefleisch und Kartoffeln (Korsika)

acide sauer

acidifié(-e) säuerlich

addition *f* Rechnung

– TIPP –

»L'addition s' il vous plaît« – »Die Rechnung bitte«
Spätestens ab 22 Uhr rattert und quietscht es in französischen Restaurants. Dann druckt ein kleines Maschinchen die Rechnungen und Bons für Gäste, die mit Kreditkarte zahlen möchten. »En espèce«, also bar, zahlen immer weniger Gäste. Denn fast so verbreitet wie Bargeld ist die »carte bleue« oder auch »carte bancaire«, abgekürzt »cb«, die Visa und Eurocard umfasst. Wollen Sie ebenfalls mit Karte bezahlen? Erkundigen Sie sich bei Ihrem Kreditinstitut, ob Ihre Karte in Frankreich akzeptiert wird.

agneau *m* Lamm

agneau *m* **de lait** Milchlamm

agneau *m* **de pré-salé** Lamm, das auf Salzwiesen geweidet hat (Atlantikküste)

agrumes *m, pl* Zitrusfrüchte

aiglefin (églefin) *m* Schellfisch

aïgo bou(il)lido Knoblauchsuppe mit Ei, serviert mit geröstetem Weißbrot, Kräutern und/oder Käse (Provence)

aigre-doux (aigre-douce) süß-sauer

aiguillat *m* Dornhai

aiguillette *f* Fleischstreifen

ail *m* Knoblauch

aile *f* Flügel

aileron *m* Flügelspitze; auch Flosse

aillade *m* Knoblauchsauce

aillade *f* **de veau** *f* Kalbfleisch in Knoblauchsauce

aillé(-e) mit Knoblauch gewürzt

aïoli *m* Knoblauchmayonnaise, zu würzigen Fischgerichten und gegrilltem Fleisch (Provence)

airelle *f* Blaubeere, Waldbeere

airelle rouge *f* Preißelbeere, Glan, Kronsbeere, Krantel

alicot *m* **(alicuit)** Eintopf mit Geflügelklein und Speck (Baskenland)

aligot *m* Kartoffelpüree mit Cantal-Käse oder Tomme-Frischkäse (Auvergne, Midi-Pyrénées)

allumettes *f, pl* dünnes, schmales Blätterteiggebäck

allumettes au fromage *f, pl* Käsegebäck

alose *f* Alse, Maifisch

alsacienne, à l' nach Elsässer Art: mit Sauerkraut; bei Fisch in Weißwein gekocht

amande *f* Mandel; auch Sandmuschel

amandine *f* Mandelgebäck

amer (amère) bitter, herb

américaine, à l' nach amerikanischer Art: bei Fisch meistens mit Cognac-Sahne-Tomaten-Sauce; bei Geflügel mit Mais oder Süßkartoffeln; bei Fleisch mit Speckscheiben und Grilltomaten serviert

amuse-gueule *m* appetitanregende Häppchen zum Aperitif, vor der Vorspeise

anchoïade *f* Sardellenpaste, meist auf Brot serviert (Provence)

anchois *m* Anchovis, Sardellen

ancienne, à l' nach alter Art: mit Weißweinsauce, Champignons, Perlzwiebeln und evtl. Croûtons

andouille *f* deftige Wurst, meist aus Kutteln, Schweinebauch und -magen

andouille *f* **de vire** geräucherte Kuttelwurst

andouillette *f* kleine »andouille«, auch Schlackwurst, Bratwurst aus Innereien

ange de mer *m* Meerengel, Engelhai (rochenähnlicher Hai)

anglaise, crème *f* englische Creme aus Milch, Zucker und Eigelb

anguille *f* Aal

antiboise, à l' nach Antiber Art: meistens panierter Seefisch mit geschmorten Knoblauch-Tomaten

antiboise, sauce *f* mit Tomatenmark, Sardellenpaste und fein gehacktem Estragon gewürzte Mayonnaise, zu Krustentieren

arachide *f* Erdnuss

araignée de mer *f* Seespinne

arête *f* Gräte

Armagnac *m* Weinbrand aus der Region Armagnac (Aquitanien)

aromate *m* Gewürze, Würze

arome *m* Aroma

artichaut *m* Artischocke

– TIPP –
Artischocken – Blatt für Blatt ein Genuss: Haben Sie als Vorspeise »artichaut à l'aïoli« oder »vinaigrette« bestellt? Dann bekommen Sie ganze Artischockenblüten mit Knoblauchmayonnaise oder Essig-Öl-Sauce serviert. Die Blütenblätter einzeln mit den Fingern abzupfen, das fleischige Ende in die Sauce oder Mayonnaise dippen und durch die geschlossenen Zähne ziehen. Das zarte Fleisch bleibt im Mund zurück, die Blätter legen Sie auf einen Abfallteller. Zum Schluss wartet ein besonderer Leckerbissen: der Artischockenboden. Das »Heu« in der Mitte abkratzen und beiseite legen, dann den Boden mit Messer, Gabel und einem Saucenklecks genießen.

asperge *f* Spargel

assez cuit(-e) gar, fast durchgebraten

assiette *f* Teller

assorti(-e) passend, gemischt

au four im Ofen gegart

aubergine *f* Aubergine, Melanzane

Aurore, crème *f* Himbeer-, Erdbeer- oder Johannisbeer-Cremedessert

Aurore, sauce *f* weiße Sauce mit Tomaten(mark), Geflügel- oder Kalbsfond

Avèze Enzianlikör aus der Auvergne

avocat *m* Avocado

avoine *f* Hafer

axoa (hachua) Eintopf mit gehacktem (faschiertem) Rind- oder Kalbfleisch, Paprikaschoten, Knoblauch, Zwiebeln und/oder Rotwein (Baskenland)

baba *m* Hefekuchen, in der Regel mit Alkohol getränkt

baba *m* **au rhum** »Rum-Baba«, mit Rum getränkter Hefe-Guglhupf (Lothringen)

bachique, crème *f* Weincreme

bacon *m* Frühstücksspeck

baeckeoffa *m* **(beckeofe)** Eintopf mit Kartoffeln, Fleisch, Geflügel und Gemüse, langsam im Backofen gegart (Elsass)

baiser *m* »Küsschen«, Schaumgebäck aus gezuckertem, geschlagenem Eiweiß

ballottine *f* kleine Roulade oder Rollpastete aus ausgelöstem Fleisch (häufig Geflügel) oder entgrätetem Fisch

bambou *m* Bambus

banon chèvre *m* kleiner, runder Rohmilch-Ziegenkäse, in Weinlaub oder Kastanienblätter gewickelt (Provence)

bar *m* Seebarsch, Wolfsbarsch (Atlantikfisch)

baron *m* Rücken eines Tieres, der im Ganzen gebraten und serviert wird, z. B. »baron de boeuf« (Rinderrücken mit Lende und Filet) oder »d'agneau« (Lammrücken mit Keulen, Schlegel)

basilic *m* Basilikum

basquaise; basque, à la nach baskischer Art: meistens mit baskischen Pfefferschoten (»piments«), Tomaten und Knoblauch, auch mit Bayonner Schinken oder Steinpilzen

baudroie *f* Seeteufel, Lotte de mer

bavaroise, crème *f* »Bayerische Creme« aus Schlagsahne und Gelatine, süß mit Vanille, Nüssen, Orangen o.a., auch salzig.

bavette *f* Lendenstück vom Rind

bayonnaise, à la nach Bayonner Art: meistens mit rohem Schinken und/oder Steinpilzen

béarnaise, sauce *f* helle Buttersauce mit Eigelb, Essig oder Weißwein, Schalotten, Estragon und anderen Kräutern

Beaufort *m* mild-aromatischer Hartkäse aus Rohmilch (Rhône, Savoyen)

bécasse *f* **(bécasseau** *m***, bécassine** *f***)** Waldschnepfe

béchamelle *f* weiße Sauce aus Butter, Mehl und Milch

beignet *m* Krapfen mit süßer oder auch salziger Füllung

belon *f* flache Auster (Bretagne)

Bénédictine Kräuterlikör

Bercy, beurre *m* Schalottenbutter (nach einem Pariser Vorort benannt)

Bercy, sauce *f* Sauce aus Weißwein, Schalotten und Fischfond, zu gekochtem Fisch

bette *f* Mangold, Krautstiel

betterave *f* rote Bete

»Boeuf à la mode«
– der berühmte Rindfleischtopf

beurre *m* Butter

beurre *m* **blanc** Buttersauce mit Weißwein und Schalotten

beurre *m* **café de Paris** »Pariser Butter« mit Knoblauch, Sardellen, Eiern, Kräutern und einem Schuss Cognac und/oder Madeira

beurre *m* **fondu** zerlassene Butter

beurre *m* **maître d`hotel** klassische Kräuterbutter

biche *f* Hirschkuh

bien cuit(-e) durchgebraten, gar

bière *f* Bier

bière *f* **blonde** helles Bier

bière *f* **brune** dunkles Bier

bière *f* **pression** Bier vom Fass

bifteck *m* Beefsteak

bifteck haché *m* Rinder-Hackfleisch

bigorneau *m* kleine Meeresschnecke

biscotte *f* Zwieback

biscuit *m* Biskuit

biscuits *m, pl* **à la cuiller** Löffelbiskuits

bisque *f* Cremesuppe aus Krustentieren

blanc *m* **d'œuf** Eiweiß

blanc *m* **de poisson** Fischfilet

blanc *m* **de volaille** Geflügelbrust

blanc(-he) weiß, hell

blanchi(-e) blanchiert

blanquette de veau *f* Kalbsragout

blé *m* Weizen, Korn

blé noir (blé rouge) *m* Buchweizen

bleu blau; bei Fleisch: innen noch blutig; bei Fisch: in Sud gegart; bei Käse: Blauschimmel- oder Edelpilzkäse

Bleu d'Auvergne *m* Blauschimmelkäse aus Kuh- und/oder Schafmilch (Auvergne)

Bleu de Bresse *m* Blauschimmelkäse aus der Bresse

bœuf *m* Rind, Ochse; auch Rindfleisch

bœuf *m* **à la ficelle** Rinderfilet »am Faden«, mit Küchengarn in Form gebunden und in Dampf gegart

bœuf *m* **à la mode** Rindfleisch, in Rotweinsauce mit Möhren geschmort

bœuf *m* **bourguignon** Rindfleisch nach Burgunder Art: meistens in Burgundersauce geschmort, mit Champignons und Schalotten

bœuf *m* **salé** gepökeltes Rindfleisch

bœuf *m* **Stroganov** Rindfleischgeschnetzeltes mit Pilzen, Zwiebeln und Gurkenstreifen

bœuf *m* **vinaigrette** Rindfleischsalat mit Essig-Öl-Marinade

boisson *f* Getränk

bon(-ne) *m* gut

bonbon *m* **au miel** Honigbonbon (Savoyen)

bonite Bonito, kleiner Tunfisch

bordelaise; à la nach Bordelaiser Art: meistens mit dunkler, mit Thymian, Schalotten und Knoblauch zubereiteter Rotwein-Sauce; bei Steinpilzen: mit Knoblauch, Petersilie, Schalotten und mit Traubensaft abgeschmeckt.

boucané(-e) geräuchert

bouchée *f* **à la reine** »Königinpastete« mit Ragout und Pilzen

bouchée *f* Praline

boudin *m* **à la langue** Zungenwurst

boudin *m* **blanc** Weißwurst

boudin *m* **noir** Blutwurst

bouillabaisse *f* Fischtopf aus Mittelmeerfischen, serviert mit scharfer, roter Mayonnaise (»rouille«) und geröstetem Weißbrot (»croûtons«). Brot und Fischstücke werden getrennt angerichtet (Provence)

Die weltberühmte »bouillabaisse«

bouillinade *f* Fischeintopf mit Kartoffeln (Languedoc-Roussillon)

bouilli(-e) gekocht, auch gekochtes Rindfleisch, Suppenfleisch

bouillon *m* klare Brühe

boulangère, à la »nach Bäckerart«: meistens mit Kartoffeln und Zwiebeln im Ofen goldbraun gebacken

boule *f* Kloß, Kugel

boulette *f* Fleisch-, Fisch- oder Gemüseklößchen,-nockerl

boulette *f* **de viande** Frikadelle

bouquet garni *m* Kräutersträußchen, in der Regel mit Petersilie, Thymian, Lorbeerblatt, auch mit Sellerieblättern, Kerbel, Rosmarin

bourdelot Apfeltasche (Normandie)

bourgeois(-e) bürgerlich, einfach und gut

bourguignonne, à la auf Burgunder Art: bei Fleisch mit Burgunder-Sauce, meistens mit Champignons, Schalotten, Thymian und/oder Möhren; bei Weinbergschnecken mit Kräuterbutter

bourguignonne, sauce *f* Burgundersauce: dunkle, meist mit Thymian, Lorbeer, Champignons und/oder Petersilie aromatisierte Rotweinsauce

bourrache *f* Borretsch, Gurkenkraut

bourride *f* weiße Fischsuppe, meistens mit Kartoffeln, Zwiebeln, Fenchel und/oder Orangenschale, gebunden mit Eigelb, serviert mit Knoblauchmayonnaise (»aïoli«) und geröstetem Weißbrot (Provence)

Boursault *m* Weichkäse mit frischem Geschmack und leicht weißer oder rötlicher Flora (Île-de-France)

braisé(-e) geschmort

brandade *f* **de morue** Stockfischpüree mit Olivenöl, Knoblauch, Milch oder Sahne (Südfrankreich)

brebis *f* Mutterschaf, Schafkäse (Pyrenäen)

brème *f* Brasse (Süßwasserfisch)

– TIPP –
Kaffeezeit: Nach Käse oder Dessert macht ein Kaffee müde Schlemmer munter. Genießen Sie einen »café noir« oder »express«. Immer beliebter wird nach einem üppigen Mahl auch ein »café crème«, ein Cappuccino. Aber: Mit viel Milch trinken die Franzosen ihren Kaffee nur zum Frühstück. Ein kleiner Fauxpas, wenn Sie nach dem Essen einen »café au lait« bestellen.

bretonne, à la nach bretonischer Art: meistens mit einer Butter-Weißwein-Sauce, aromatisiert mit Schalotten, evtl. Tomatenmark, Petersilie und Knoblauch

Brie milder Weichkäse aus Kuhmilch mit Edelschimmelrinde (Ile-de-France)

brioche *f* süßer, lockerer Hefekuchen oder süßes Hefegebäck

broche, à la am Spieß

brochet *m* Hecht

brochette *f* Bratspieß

brocoli *m* Brokkoli

brosme Lumb (Atlantikfisch)

brûlé(-e) gebrannt

brun(-e) braun

brunoise *f* in feine Würfel geschnittenes Gemüse

buccin *m* Meeresschnecke, Trompetenschnecke

bûche *f* **de Noël** Weihnachtstorte aus Biskuitteig in Form eines Holzscheites, gefüllt mit Schokoladen- oder Mokkacreme

cabillaud *m* Kabeljau

cabri *m* Zicklein

cacahouète *f* Erdnuss

cacao *m* Kakao

café *m* Kaffee

café *m* **arrosé** Kaffee »mit Schuss«

café *m* **au lait** Kaffee mit heißer Milch

café *m* **calva** Kaffee mit Calvados

café *m* **crème** Kaffee mit Sahne, Cappuccino

café *m* **décaféiné** koffeinfreier Kaffee

café *m* **express** Espresso

café *m* **liégeois** Eiskaffee

caille *f* Wachtel

caillettes *f, pl* **de Madame** Farce aus Schweinefleisch, -Innereien und Kräutern im Netzmantel in Wachtelgröße (Provence)

calamar *m* Tintenfisch

calebasse *f* Flaschenkürbis

calissons *m, pl* Mandelkonfekt (eine Marzipanmasse, Provence)

Calvados *m* Apfelschnaps

Camembert *m* Weichkäse aus Kuhmilch

camomille *f* Kamille

campagnard(-e) ländlich

campagne *f* Land

canapés *m, pl* kleine, belegte Brotscheiben

canard *m* Ente

canard *m* **à l'orange** Ente mit Orangensauce

canard *m* **gavé** Stopfente

canard *m* **sauvage** Wildente

cancre *m* Taschenkrebs

caneton *m* junge Ente

cannelle *f* Zimt

Cantal *m* halbharter Kuhmilchkäse mit würzig-aromatischem Geschmack (Auvergne)

câpre *f* Kaper

capucine *f* Kapuzinerkresse

carafe *f* Karaffe

carapace *f* Panzer, Schale (von Krustentieren)

carbonnade *f* **de bœuf à la flamande** Rindfleisch mit dunkler Biersauce, aromatisiert mit Zwiebeln und Gewürzen (Nordfrankreich, Belgien)

cardamome *m* Kardamom

cardon *m* Karde, spanische Artischocke (Savoyen)

cari *m* Curry

carotte *f* Möhre, Karotte

carpe *f* Karpfen

carpe *f* **frite** gebackener Karpfen

carpillon *m* **(carpeau)** sehr kleiner Karpfen

carré *m* Rückenstück

Carré *m* **de l'Est** viereckiger, sehr milder Weichkäse (Champagne)

carrelet *m* Glattbutt, auch große Scholle

carte *f* Speisekarte

carte *f* **des vins** Weinkarte

carte *f* **du jour** Tageskarte

casse-croûte *m* Imbiss

casserole *f* Schmortopf

cassis *m* schwarze Johannisbeere, auch Johannisbeerlikör

cassolette *f* kleines Pfannengericht

cassolette *f* **d'écrevisses** Pfannengericht mit Krebsen

cassoulet *m* Eintopf mit weißen Bohnen, eingemachtem Gänse- oder Entenfleisch und/oder anderem Fleisch (Languedoc)

catalane, à la nach katalanischer Art: meist mit Tomaten, Paprika und Knoblauch

caviar *m* Kaviar

céleri *m* **en branches** Stauden-, Stangensellerie

céleri-rave *m* Knollensellerie

cèpe *m* Steinpilz

céréales *f, pl* Getreide

cerf *m* Hirsch

cerfeuil *m* Kerbel

*»Canard sauvage aux olives« –
Wildente*

cerise *f* Kirsche

cerneau *m* grüne Walnuss

cerneaux au verjus *m, pl* grüne Walnüsse in Traubensaft

cervelas *m* Cervelatwurst

cervelle *f* Hirn

cévenole, à la auf Cevenner Art: meistens geschmortes Rindfleisch mit Champignons und glasierten Maronen (Zentralmassiv)

Chabichou *m* **du Poitou** Weichkäse aus Ziegenmilch mit leicht graublauem Schimmel

chamois *m* Gemüse

Chamois d'Or *m* milder Weichkäse

champignon *m* Pilz, (alle Sorten), Schwammerl

champignon *m* **de couche** Champignon

champignon *m* **de Paris** Zuchtchampignon, Egerling

chanterelle *f* Pfifferling, Eierschwammerl, Eierschwamm

chantilly, crème *f* Schlagsahne, Schlagobers

Chaource *m* leicht säuerlicher Weichkäse aus Kuhmilch (Champagne)

chapon *m* Kapaun (kastrierter Masthahn)

charbon *m* **de bois** Holzkohle, Holzkohlengrill

charbonnier *m* **(colin, lieu noir)** Köhler, Seelachs

charcuterie *f* Fleisch und Wurstwaren, Aufschnitt; auch Feinkostgeschäft

chariot *m* kleiner Wagen, z. B. für Käse und/oder Desserts

charlotte *f* Nachspeise aus Löffelbiskuits, Creme und/oder Früchten, die in einer Form zubereitet und dann gestürzt wird; ohne Teig auch salzig mit Fisch oder Gemüse

charolais *m* weiße Rinderrasse, die besonders saftiges Fleisch liefert (Mâconnais/Burgund)

Charolles (Charolais) kleine, runde Käse aus Ziegenmilch (Burgund)

Chartreuse *f* Kräuterlikör

chartreuse, à la nach Kartäuser Art: bei Geflügel meistens mit Speck, Würstchen, Kohl und/oder Gemüse zubereitet, bei Fisch oder Fleisch mit Estragon

chasseur, à la nach Jägerart: meistens mit Sauce aus Weißwein, Pilzen und/oder Schalotten.

châtaigne *f* Esskastanie

châtaigne de mer *f* Seeigel

châteaubriand *m* dickes Rinderfilet-Steak für zwei Personen

chaud(-e) warm

chaud-froid *m* heiß zubereitetes und kalt serviertes Gericht, z. B. Fisch oder Rind-, Wild- oder Geflügelfleisch, im eigenen Saft oder mit weißer oder brauner Sauce zubereitet und vermischt mit Kalbs- oder Fischgelee, auch Wild- oder Geflügelsülze

chaudrée *f* Fischeintopf meist mit Sahne, Weißwein, Gewürzen und/oder Kartoffeln. Brühe auf Brotscheiben und Fischstücke werden wie bei der Bouillabaisse getrennt angerichtet (Atlantikküste)

chausson *m* »Hausschuh«, Blätterteiggebäck, oft gefüllt mit Apfel- oder anderen Fruchtstücken oder Kompott

cheval *m* Pferd, Pferdefleisch

chèvre *f* Ziege, auch kurz für Ziegenkäse

chevreuil *m* Reh, Rehfleisch

chevrotin *m* junges Rehwild, auch Ziegenkäse

chipiron *m* Tintenfisch

chocolat *m* Schokolade

chocolat *m* **chaud** heiße Trinkschokolade

chocolat *m* **liégeois** Eisschokolade

choisi(-e) ausgewählt

choix, au nach Wahl

choix, de von erlesener Qualität

chou *m* **à la crème** gefüllter Windbeutel

chou *m* **blanc** Weißkohl, Weißkraut, Weißkabis

chou *m* **de Bruxelles** Rosenkohl

chou *m* **farci** Kohlroulade

chou *m* **frisé (chou** *m* **de Savoie, de Milan)** Wirsing

– TIPP –
Kulinarische Mitbringsel: Überall in Frankreich lohnt ein Besuch im Supermarkt. Wenn Sie Platz im Auto haben, können Sie z.B. einpacken: reife Hartkäsesorten, etwa aus Schafmilch, schwarze Oliven ohne Stein (im Glas), kleine, feine Kapern, »nonpareilles«, oder große Kapern-Äpfel (im Glas), nicht alltägliche Konfitüren und Marmeladen, z. B. aus Walderdbeeren, Dijon-Senf, Essig- und Ölspezialitäten, z.B. Cidre-Essig oder Walnussöl, grob- und feinkörniges Meersalz.

chou *m* **rouge** Rotkohl, Blaukraut, Rotkabis

chou *m* **vert** Grünkohl

choucroute *f* Sauerkraut

choucroute *f* **alsacienne** Schlachtplatte mit Sauerkraut, Rauchfleisch, Kasseler, Fleischwurst und/oder Würstchen

chou-fleur *m* Blumenkohl, Karfiol

chou-rave *m* Kohlrabi

ciboule *f* Frühlingszwiebel

ciboulette *f* Schnittlauch

cidre *m* Apfelwein

cigale de mer *f* großer Bärenkrebs (Krustentier)

cigarettes *f, pl* gerollte, süße Gebäcktaler

cipollata *f* kleine Bratwürstchen

citeaux *m* kleiner Trappistenkäse, halbfester Schnittkäse (Burgund)

citron *m* Zitrone

citron *m* **pressé** Erfrischungsgetränk: Zitronensaft, mit Wasser und Zucker serviert

citron *m* **vert** Limette

citronnelle *f* Zitronenmelisse

citrouille *f* Kürbis

civet *m* Wildragout, meistens mit Rotwein und Zwiebeln

»Civet de lièvre« – Wildragout

clafoutis *m* Auflauf mit Früchten, klassisch mit Kirschen, auch salzig mit Kirschtomaten o. ä.

clair(-e) klar, hell

clémentine *f* Clementine

– TIPP –
»Die Zigarette danach«
dürfen Sie sich nicht auf allen Restaurantplätzen anzünden. Doch die gesetzliche Auflage, immer einen bestimmten Teil des Restaurants für Nichtraucher zu reservieren, handhaben französische »patrons« eher leger. Die blauen Schildchen für Raucher oder die grünen für Nichtraucher sind manchmal Placebo für die Behörden. Gehandelt wird meist im Sinne des Gastes und des Geschäfts: Ist einmal ein gewünschter Raucherplatz nicht frei, wird rasch das Schildchen »non fumeur« vom freien Tisch genommen – oder auch umgekehrt.

clou de girofle *m* Gewürznelke

clouté(-e) gespickt

cochon *m* Schweinefleisch

cochon de lait *m* Spanferkel

cochonnailles *f* Fleisch- und Wurstwaren aus Schweinefleisch, auch Schinken

cocotte *f* Schmortopf

cœur cochon *m* Herz, Herzstück

Cointreau Orangenlikör

colin cochon *m* **(lieu noir, charbonnier)** Köhler, Seelachs

collet *m* Hals, Nacken

commande, sur auf Bestellung

compote *f* Kompott

compris(-e) inbegriffen

Comté *m* Hartkäse aus Kuhmilch (Franche-Comté)

concentré *m* **de tomates** Tomatenmark, -püree, Paradeismark

concombre *m* Gurke

confiserie *f* Süßigkeiten, Konfekt

confit(-e) eingemacht

confit *m* **d'oie** im eigenen Fett eingemachtes Gänsefleisch

confit *m* **de canard** im eigenen Fett eingemachtes Entenfleisch

confit *m* **de porc** eingemachtes Schweinefleisch

confiture *f* eingemachtes Obst, Konfitüre

congre *m* Meeraal, Conger

conque *f* Muschel, Muschelschale

consommé *m* klare Kraftbrühe aus Fleisch oder Fisch

contre-filet *m* Lendenstück vom Rind

coppa *f* Schinken, der über Kastanienfeuer geräuchert wird (Korsika)

coq *m* Hahn, Hähnchen

coq *m* **au vin** Hähnchen, in Rotwein (Burgund) oder Riesling (Elsass) geschmort

coquelet *m* junges Hähnchen

coquelet *m* **de grain** mit Korn gemästetes Hähnchen

coques *f* Herzmuscheln

coquillages *m, pl* Schalentiere (Muscheln, Schnecken und Austern)

coquilles *f, pl* Muscheln; auch Fisch oder Fleisch mit Sauce in Muschelschalen überbacken

– TIPP –
Essenszeiten: Bei den Essenszeiten gibt's ein Nord-Süd-Gefälle. In der Normandie oder Pikardie bittet man in der Regel etwas früher zu Tisch als beispielsweise im Midi. Üblicherweise serviert die Küche das »déjeuner«, Mittagessen, zwischen 12 und 14 Uhr, das abendliche »diner«, in einigen Gegenden auch »souper« genannt, etwa ab 19.30 Uhr. In der Zwischenzeit bekommen Sie normalerweise kein warmes Essen. In kleinen und mittleren Städten können Sie zumeist bis 19 Uhr oder 21.30 Uhr ein warmes Menü bestellen. Große Brasserien in Paris oder Lyon bewirten bis nach Mitternacht. Übrigens: Bis 20 Uhr sind auch nordfranzösische Restaurants meist leer. Erst dann kommen nach und nach die Gäste.

coquilles *f, pl* **Saint-Jacques** Jakobsmuscheln

corail *m* Rogen von Krustentieren, auch roter Teil der Jakobsmuschel

cordon-bleu *m* mit Schinken und Käse gefülltes Kalbsschnitzel

coriandre *f* Koriander

corme *f* Vogelbeere

cornet *m* Tüte, Blätterteighörnchen, auch Eiswaffel

cornichon *m* Gewürzgürkchen

corps *m* **gras** Fett, Butter, Schmalz oder Margarine

corsé(-e) kräftig; beim Essen: pikant, scharf gewürzt; beim Wein: körperreich, stark

côte *f* **découverte** *f* Fehlrippe, auch Hochrippe, Kammstück beim Rind

côte *f* Rippe, auch Rippenstück, Kotelett

côtelette *f* Kotelett, Rippenstück

côtes *f, pl* **de bettes** Mangoldstiele, Krautstiel

cotriade *f* Fischeintopf mit Kartoffeln und Gemüse (Bretagne)

cou *m* Hals

coulis *m* konzentrierter Saft oder Püree von Gemüse, Obst oder auch Krustentieren

coupe *m* Becher, Trinkschale

coupe *f* **glacée** Eisbecher

courge *f* Kürbis

courgettes *f* Zucchini

Crêpe Suzette

couronne *f* Krone, Kranz

couscous *m* Grießgericht mit Gemüse, Kichererbsen, Brühe und Hammelfleisch oder Fisch (ursprünglich Nordafrika)

couvert *m* Gedeck, Besteck

crabe *m* **tourteau** Taschenkrebs, Meereskrebs

crème *f* Sahne, Rahm, Creme; auch Cremesuppe

crème, à la mit Sahne-, Rahm-, Cremesauce

crème *f* **brûlée** Vanillecreme mit gebrannter Zuckerkruste

crème *f* **chantilly** Schlagsahne, Obers, Rahm

crème *f* **frangipane** Mandelcreme

crème *f* **Sabayon** Zabaione

crémet *m* Eischaumspeise; auch kleiner Frischkäse, Frischkäse-Dessert

crêpe *f* dünner Eierpfannkuchen (Bretagne)

crêpe *f* **dentelle** Waffelröllchen

crêpe *f* **Suzette** dünner Eierpfannkuchen, flambiert mit Orangenlikör

crépinette *f* flaches Hackfleischwürstchen

cresson *m* Kresse

crête de coq *f* Hahnenkamm

creuses de Bretagne bretonische Austern

crevette *f* Garnele, Krabbe

croquant(-e) knusprig

croque-monsieur *m* Sandwichtoast mit Käse und Schinken

croquets *m, pl* Mandelplätzchen (Pyrenäen)

croquette *f* gebackene Klößchen, Nockerln, Möckli aus Fleisch, Fisch, Kartoffeln, Gemüse u.a.

Crottin *m* **de Chavignol** kleiner, fester Ziegenkäse (Loiretal)

croustade *f* knuspriges, meist pikant gefülltes Gebäck, im Languedoc süßer Mandelkuchen

croustillant(-e) knusprig, kross; als Dessert: Früchte in knusprigem Teig

croûte *f* Rinde, Kruste

croûtons *m, pl* geröstete Weißbrotwürfel oder -scheiben

cru(-e) roh

crudités *f, pl* Rohkost; als Vorspeise: verschiedene Gemüse, roh und/oder blanchiert serviert

crustacés *m, pl* Krustentiere (Hummer, Krabben, Langusten u.a.)

cuillère *f* **(cuiller)** Löffel

cuire kochen

cuisine *f* Küche

cuisse *f* Keule, Schlegel, Schenkel

cuisse *f* **de grenouilles** Froschschenkel

cuisseau *m* Kalbskeule

cuissot *m* Wild- oder Geflügelkeule, Schlegel

cuissot *m* **de chevreuil** Rehkeule, -schlegel

cuit(-e) gekocht

cul *m* **de veau** Kalbskeule, -schlegel

culotte *f* **de boeuf** Schwanzstück des Rindes, dazu gehört das Rumpsteak

cumin *m* Kümmel

cure-dents *m, pl* Zahnstocher

cythère braune Venusmuschel

daguet *m* junger Hirsch

daim *m* **(daine** *f***)** Damwild

dame-blanche Dessert aus Vanilleeis und Mandelcreme

darne *f* Fischkotelett

datte *f* Dattel

daube, en geschmort, Schmorgericht

dauphine, à la mit Brandteig umhüllt und in Fett gebraten (z. B. Kartoffeln oder Gemüse)

– TIPP –
Das Dessert: Entgegen der landläufigen Meinung schließt in Frankreich nicht Käse, sondern ein süßes Dessert den Magen. Auch kleine Restaurants haben oft den Ehrgeiz viele köstliche Sorten (»parfums«) über luftige »mousses« bis hin zu fruchtigen oder üppigen Kuchen viele verführerische Nachtischvariationen anzubieten, meist präsentiert auf einem »chariot«, einem kleinen Wagen, der zum jeweiligen Tisch gefahren wird. Die Gäste wählen aus, welche süße Sünde sie begehen wollen. Bei preiswerten Menüs muss man sich oft entscheiden, ob man eine kleine Käseauswahl oder ein Dessert nehmen möchte. Käse-Esser können sich meist mit »mignardises«, süßen Gebäckstückchen, oder Schoko-Täfelchen trösten, die zum Kaffee serviert werden.

daurade *f* **(dorade)** Goldbrasse, Dorade

décaféiné(-e) koffeinfrei

dégustation *f* Weinprobe,

déjeuner *m* Mittagessen

délice *m* Köstlichkeit, Spezialität

délicieux (délicieuse) köstlich

demi halb, auch kleines Bier (0,25 l)

demi-deuil »in Halbtrauer«, Gericht mit schwarzen und weißen Zutaten, z. B. Eier mit weißer Sauce und schwarzen Trüffeln

demi-glace dunkle Bratensauce

demi-sel leicht gesalzen

demoiselles *f* **de Cherbourg** große Garnelen oder kleine Hummer aus der Gegend von Cherbourg (Normandie)

dentelle, crêpe *f* kleines Waffelröllchen, serviert mit Eis oder Früchten

dés, en in Würfel geschnitten

dessert *m* Nachspeise

diabétique diabetisch, Diabetiker

diable, à la »nach Art des Teufels«: scharf gewürzt

diablotin *m* kleiner gratinierter, mit Cayennepfeffer gewürzter Käsetoast als Vorspeise

diabolo *m* Zitronenlimonade oder Mineralwasser, mit Sirup (z.B. Cassis, Grenadine oder Pfefferminz) aromatisiert

dieppoise, à la nach Diepper Art: bei Fisch in Weißweinsauce mit Muscheln, Austern und/oder Krebsen (Normandie)

diététique diätetisch

digestif *m* Schnaps oder Likör, als Verdauungshilfe nach dem Essen serviert

dijonnaise, à la nach Dijoner Art: meistens mit Senf oder Senfsauce; bei Desserts: mit Johannisbeerlikör (»cassis«)

dinde *f* Pute

dindon *m* Truthahn, Puter, Indian

dindonneau *m* junge Pute

dîner *m* Abendessen

discrétion, à nach Belieben

doré(-e) goldbraun gebraten oder gebacken

double doppelt

douillons *m, pl* **de pommes** Äpfel in Blätterteig (Normandie)

doux (douce) süß, mild

douzaine *f* ein Dutzend

dragées *f, pl* kandierte Mandeln

– TIPP –
**Stilvoller Abschluss –
ein Digestif:** Zu üppig gegessen? In der Auvergne und anderswo sorgt ein Kräuterlikör, Verveine du Velay, für Ordnung im Magen. Wer das bitter-herbe Aroma nicht mag: Als hochprozentige Verdauungshilfe schmecken überall in Frankreich Cognac oder Armagnac, Obstbrand oder Calvados ganz ausgezeichnet. Letzteren trinken echte Normannen auch schon zwischen den Gängen eines Menüs, um für neue Köstlichkeiten Platz zu schaffen: ein »trou normand«.

dragon *m* **de mer** Drachenfisch, Petermännchen

Dubarry, crème *f* Blumenkohlsuppe

dur(-e) hart

duxelles *f* Füllung aus Schalotten, Champignons und Kräutern

eau *f* **gazeuse** Mineralwasser mit Kohlensäure

eau *f* **minérale** Mineralwasser

eau *f* **plate** Tafelwasser

eau-de-vie *f* »Lebenswasser«, Branntwein

échalote *f* Schalotte

échaudé *m* kleines, knuspriges Gebäck ohne Zucker

échine *f* **de porc** Schweinenacken

éclade *f* **de moules** Miesmuscheln, über Piniennadeln gegrillt (Charente)

éclair *f* glasiertes Brandteiggebäck, mit Creme oder Schlagsahne gefüllt

écrasé(e) zerdrückt, zerrieben

effilé(e) in Streifen geschnitten

églefin *m* **(morue noir)** Schellfisch

elzekaria *f* Gemüseeintopf mit Bohnen, Zwiebeln und Kohl (Baskenland)

émincé *m* geschnetzeltes, dünn geschnittenes Fleisch

Emmental *m* Emmentaler, Hartkäse aus Rohmilch (Alpen)

enchaud *m* Schweinerollbraten (Périgord)

endive *f* Chicoree

entier (entière) ganz, vollständig; bei Milchprodukten: vollfett

entrecôte *m* Zwischenrippenstück vom Rind

entrée *f* Vorspeise

entrelardé(e) gespickt

épaule *f* Schulter, Nacken

éperlan *m* Stint, Seestint

epi *m* Ähre, Stangenweißbrot in Ährenform

épi *m* **de maïs** Maiskolben

épices *f, pl* Gewürze

épinards *m, pl* Spinat

Époisses *m* milder Weichkäse aus Kuhmilch (Burgund)

escabèche *f* **de poissons** kleine, gebratene Seefische in sauer-würziger Marinade (Südfrankreich, Provence)

escalope *f* Schnitzel

escargot *m* Weinbergschnecke

escarole *f* Endivie

– TIPP –
Perfekt geniessen –
Schnecken: Mit der mitservierten Zange das Schneckenhaus festhalten, mit der schmalen Gabel das Fleisch vorsichtig herausziehen und essen. Oder die Schnecke auf ein Stück Baguette legen, mit flüssiger Kräuterbutter beträufeln und verspeisen. Die übrige Kräuterbutter mit Brot aufdippen.

espadon *m* Schwertfisch

espagnole, à l' auf spanische Art: meistens mit Tomatensauce, Paprikaschoten und Zwiebeln

essence *f* Essenz

estouffade *f* **de bœuf** Rindfleisch mit Speck, Schalotten und Petersilie in Rotwein geschmort

estouffat *m* **de haricots** Ragout aus weißen Bohnen, Zwiebeln, Speck und/oder Tomaten (Languedoc – Roussillon)

estragon *m* Estragon

esturgeon Stör

étouffé(-e) geschmort

étuvé(-e) gedämpft

excellent(-e) ausgezeichnet

exquis(-e) köstlich, fein, auserlesen

extrait *m* Extrakt

façon *f* Art, Weise

faisan *m* Fasan

falette *f* **d'Auvergne** gefüllte Brust von Kalb, Hammel oder Lamm

faon *m* junger Hirsch, Damwildkitz

far *m* **(fas, faz) breton** Rum-Rosinen-Kuchen (Bretagne), auch mit Backpflaumen

far poitevin gefüllte Kohlblätter, in einem Schweinefleisch-Eintopf oder Pot-au-feu zubereitet (Poitou)

farce *f* Füllung

farci(-e) gefüllt

farée Kohlroulade

farinade Kastanienmehlbrei mit Öl (Korsika)

farine *f* Mehl

faux (fausse) falsch

faux-filet *m* Lendenstück vom Rind

fayot *m* weiße Bohne

fenouil *m* Fenchel

ferme *f* Bauernhof

fermé(-e) geschlossen

fermier (fermière) vom Bauernhof; bei Butter: nicht pasteurisiert, bei Käse; aus Rohmilch

Weinbergschnecken Burgunder Art

feu *m* **de bois** Holzkohlenfeuer

feuille *f* Blatt

feuille *f* **de chêne** Eichblatt-Salat

feuille *f* **de laurier** Lorbeerblatt

feuille *f* **de vigne** Weinblatt

feuilleté *m* Blätterteigpastete

fèves *f* dicke Bohnen, Puffbohnen

févettes *f, pl* kleine, frische Bohnenkerne

ficelle *f* »Band, Faden«, sehr dünne Stange Weißbrot

fiélas Seeaal, Dornhai (Provence)

figatelle *m, pl* gegrillte Leberwürstchen (Korsika)

figue *f* Feige

filaments *m, pl* **de légumes** hauchdünn geschnittene Gemüsestreifen

filet *m* Filet

fin (-e) fein, zart

fines *f, pl* **de belon** Belon-Zuchtaustern

Käse – am besten am Stück kaufen

fines *f, pl* **de claire** Claire-Zuchtaustern

fines *f, pl* **herbes** »feine Kräuter«, Kräuter, die frisch verwendet werden, z. B. Petersilie, Schnittlauch, Kerbel

flambé flambiert

flamiche *f* **(flamique)** Gemüsekuchen, meist mit Lauch oder Kürbis (Nordfrankreich)

flamusse *f* flacher Quark- oder Apfelkuchen (Burgund)

flan *m* Pudding, Fladen, Torte

flaugnarde flacher Butterkuchen (Limousin, Auvergne), auch Rumgebäck mit Backpflaumen (Périgord)

flet *m* Flunder

flétan *m* Heilbutt

fleurs *f, pl* **pralinées** kandierte Blüten (Provence)

flocons *m, pl* (Getreide-)Flocken

floutes Kartoffelknödelchen (Elsass)

flûte *f* dünne Weißbrotstange

foie *m* Leber

– TIPP –

»**A point**« oder »**assez cuit**«? Haben Sie Kurzgebratenes, etwa »filet de bœuf«, bestellt? Dann möchte der Ober wissen, wie Sie Ihr Fleisch wünschen: »bien cuit«, ganz durchgebraten, »assez cuit«, gar, fast durchgebraten, »à point«, d.h »auf den Punkt« gegart und im Kern rosa, oder »bleu« blau, d.h. innen noch roh, »saignant«, blutig.

foie *m* **de volaille** Geflügelleber

foie *m* **gras** Gänse- oder Entenstopfleber

fond *m* konzentrierte Fleischbrühe

fondant(-e) schmelzend

fondu(-e) geschmolzen

fondue *f* **bourguignonne** klassisches Fleischfondue, bei dem Rindfleischwürfel in siedendem Öl gegart werden

fondue *f* **savoyarde** klassisches Käsefondue mit Brotwürfeln und geschmolzenem Käse

Fontainebleau *f* Frischkäse

forestière, à la »nach Försterinnen Art«: meistens mit (Wald-)Pilzen und Speck

fort(-e) stark, kräftig, deftig, scharf

fouetté(-e) geschlagen

fouettée, crème *f* Schlagsahne

fougasse *f* **(fouace)** süßer Hefekranz, auch salzig mit Oliven (Südfrankreich)

four *m* Ofen

fourchette *f* Gabel

Fourme *f* **d'Ambert** intensivaromatischer, blaugrün-geäderter Edelpilzkäse aus dem nördlichen Zentralmassiv (Auvergne)

fourré(-e) gefüllt

frais *f* **(fraîche)** frisch

fraise *f* Erdbeere

framboise *f* Himbeere

frangipane Gebäck, mit Mandelmasse gefüllt

fressure *f* Innereien

friands *m* Blätterteigpastetchen mit Fleischfüllung

friands *m, pl* **périgourdins** Kartoffelkrapfen (Périgord)

fricassée *f* Frikassee

frisée *f* krauser, leicht bitterer Salat

frit(-e) frittiert

fritelle Krapfen (Korsika)

frites *f, pl* kurz für Pommes frites

fritot Beignet, auch Krapfen mit Gemüse-, Fleisch oder Fischfüllung

friture *f* Braten; Frittiertes; auch frittierte oder gebratene kleine Fische

froid(-e) kalt

fromage *m* Käse

fromage *m* **blanc** Quark, Frischkäse, oft als Dessert mit Zucker

fromage *m* **de tête** Schweinskopfsülze

– TIPP –

»Fromage« – Käse zum Dessert? Keine Lust auf süße Sünden? Dann wählen Sie Käse zum Dessert. Meist können Sie von einer großen Käseplatte auswählen, von welchen Sorten Sie ein Stückchen kosten möchten. Probieren Sie die Käsespezialitäten der Region. Genießen Sie Weich- oder Rotschmierkäse ganz nach Ihrem Gusto mit oder ohne Rinde: Französische Käse-Esser schneiden oder kratzen die Rinde in der Regel ab. Für viele Feinschmecker ist die äußere Hülle von Munster, Camembert & Co. eine Delikatesse.

F

fruits *m, pl* **confits** kandierte Früchte (Provence)

fruits *m, pl* **de mer** Meeresfrüchte

– TIPP –
»Fruits de mer«: harte Schale, zartes Fleisch

Bei großen Krustentieren wie »homard« und »langouste« wird der Schwanz-Panzer meist schon in der Küche geknackt. So können Sie das Fleisch mit der (mitservierten) langen Hummergabel leicht herauslösen und mit der normalen Gabel dann verspeisen. Um an das feine Fleisch der Scheren heranzukommen, knacken Sie den dicken Panzer mit der (ebenfalls mitservierten) Hummerzange auf, Fleisch wiederum mit der Hummergabel herausfischen. Der kräftige Rumpf des Hummers birgt neben zartem Fleisch auch den roten Rogen, den Feinschmecker sehr schätzen, die Sie ebenfalls essen dürfen. Die dünnen Beine mit der Zange oder den Händen aufbrechen und einfach »auszutzeln«. Beim Taschenkrebs, der »crabe« heißt, steckt das meiste Fleisch in Scheren und Beinen. Wie beim Hummer den Panzer der Scheren und Beine aufknacken, Fleisch dann mit der langen Gabel herauslösen, auf eine normale Gabel spießen und mit Sauce oder Mayonnaise genießen.

»Langoustines«, »crevettes«:
Bei Garnelen oder Krabben drehen Sie zunächst den Kopf ab, packen ihn auf einen Abfallteller. Dann mit den Fingern die Schale aufbrechen und abpulen. Den dunklen Darm nach Belieben mit der Messerspitze entfernen. Das ausgelöste Fleisch mit den Fingern oder der Gabel in die Sauce oder Mayonnaise dippen.

fruits *m, pl* Obst

fruits *m, pl* **rouges** »rote Früchte«: Himbeeren, Brombeeren, Erdbeeren, Johannisbeeren

fumé(-e) geräuchert

galantine *f* kalte Rollpastete aus ausgelöstem Fleisch (häufig Geflügel), oft in Geflügelhaut

galette *f* dünner Pfannkuchen aus Buchweizenmehl, auch Kuchen, Keks (Bretagne)

galette beauceronne *f* Quarkkuchen (Loiretal)

garbure *f* deftiger Gemüseeintopf, meistens mit Kohl, Bohnen und Schweinefleisch (Südwestfrankreich)

garni(-e) »garniert«, mit Beilagen

gâteau *m* Kuchen, Torte, Gebäck

gâteau *m* **au fromage blanc** Quarkkuchen

gaudes *f* Mehlsuppe (Franche-Comté)

gaufre Waffeln

gaufrettes *f, pl* kleine, knusprige Waffeln

gélinotte *f* Haselhuhn

genièvre *m* Wacholderbeere

germe *m* Sprosse, Keim

Géromé *m* runder Weichkäse mit orangefarbener Rinde und kräftigem Aroma (Vogesen)

gésier *m* **d'oie** Gänsekropf

gibelotte *f* **de lapin** Kaninchenfrikassee, in Weißwein geschmort

gibier *m* Wild, Wildbret

gigot *m*, **(gigue** *f* **)** Keule, Schlegel von Lamm oder Reh

gingembre *m* Ingwer

giraumon *m* süßlicher Kürbis

girofle *m* Gewürznelke

girolle *f* Pfifferling

gîte *m* **à la noix** Nuss, bestes Stück der Rinderkeule, des Rinderschlegels

givré *m* Fruchteis, serviert in der Fruchtschale

glace *f* Eis, Eiscreme

glacé(-e) eiskalt, gefroren, glasiert

glace *f* **de viande** Fond, Fleischextrakt zum Verfeinern von Saucen

glaçon *m* Eiswürfel

gnocchi *m, pl* kleine Klößchen (Provence)

goudale Kohl-Eintopf mit Wein (Béarn)

gougère *f* Käsegebäck aus Brandteig (Burgund)

goujon *m* Gründling, karpfenähnlicher Süßwasserfisch

goulache *f, pl* Gulasch

gourmand *m* Schlemmer

gourmet *m* Feinschmecker

Gournay leicht salziger Frischkäse aus Kuhmilch (Normandie)

goût *m* Geschmack

graisse *f* Fett, Schmalz

grand(-e) groß

gras(-se) fett, speckig

gras-double *m* Ragout von Kutteln (Rinderfettmagen), auch frittiert

gratin *m* Überbackenes, Auflauf

gratin *m* **dauphinois** klassisches Kartoffelgratin mit Knoblauch

gratiné(-e) gratiniert, überbacken, auch kurz für überbackene Zwiebelsuppe

grattons *m* kross gebratene Stückchen Haut von Geflügel oder kross gebratene Schweineschwarte

gratuit (-e) kostenlos

gravenche forellenähnlicher Fisch aus dem Genfer See

grenade *f* Granatapfel

grenadin *m* Kalbsmedaillon

grenadine *f* Granatapfelsirup

grenouille *f* Frosch

gribiche, sauce *f* Kräutermayonnaise mit hartgekochten Eiern, Kapern und Gewürzgurken

grillade *f* Gegrilltes

grillé(-e) gegrillt

griotte *f* Sauerkirsche, Weichselkirsche

grondin *m* **(rouget)** Knurrhahn (Meerfisch)

gros(-se) dick, stark, groß

groseille *f* **à maquereau** Stachelbeere

G

groseille *f* Johannisbeere, Ribisel, Trübeli

gruyère *f* **de Comté** Greyerzer, würziger, fester Kuhmilchkäse (Franche-Comté)

haché(-e) gehackt (faschiert)

hachis *m* **de bœuf** Rinderhackbraten

hachis *m* **Parmentier** Hack, mit Kartoffelpüree bedeckt und im Ofen gebacken

haddock *m* geräucherter Schellfisch

hareng *m* Hering

hareng *m* **frais** grüner Hering

haricot *m* Bohne

haricots *m* **fins** feine Brechbohnen

haricots *m* **jaunes** Wachsbohnen

haricots *m* **verts** grüne Bohnen, Fisolen

hélices *f* **vigneronnes** Weinbergschnecken (Burgund)

herbes *f, pl* Kräuter

herbes *f, pl* **de Provence** Kräuter der Provence: Thymian, Bohnenkraut, Salbei, Rosmarin, Basilikum, u. a.

herbes *f, pl* **potagères** Gartenkräuter

herbes *f, pl*, **fines** »feine Kräuter«, Kräuter, die frisch verwendet werden, z. B. Petersilie, Schnittlauch, Kerbel

hochepot *m* Eintopf

hollandaise, sauce *f* helle Eigelb-Butter-Sauce

hollande *m* Edamer Käse

homard *m* Hummer

homard *m* **à l'américaine** (**eigentlich armoricaine**) Hummer nach bretonischer Art (»Armorika« = alter Name für die Bretagne): meistens mit Kräutern, Tomaten, Knoblauch und Weißwein oder Cognac zubereitet

homard *m* **Thermidor** ausgelöstes Hummerfleisch, mit Sahne und Wein verrührt, anschließend in der Schale mit Käse überbacken

hors-d'œuvre Vorspeise

huile *f* Öl

huître *f* Auster

– TIPP –
So genießen Sie
Austern: Geschlossene Austern mit dem Austernbrecher öffnen. Dazu die gewölbte Seite der Auster in die Hand legen, damit das begehrte Austernwasser nicht vergossen wird. Dann das kurze, stumpfe Spezialmesser am Scharnier der Auster zwischen die Schalen stoßen, an der Innenseite des flachen Deckels entlangziehen, um den Muskelstrang zu trennen, und drehen, um den Deckel zu öffnen. Zitronensaft auf die offene Auster träufeln und nach Belieben pfeffern. Mit der Austerngabel eine Auster von der Schale lösen und verspeisen, zuletzt das Meerwasser ausschlürfen. Vorsicht Splitter! Die Lippen sollen die Schalen möglichst nicht berühren. Übrigens: Auch an der Küste schmecken Austern in den Monaten mit »r« am besten.

Fangfrische Austern aus der Bretagne

huître *f* **creuse** gewölbte Auster

huître *f* **de claire** Zuchtauster

huître *f* **plate** flache Auster, Belonauster

hure *f* (Schweinskopf-)Sülze

île *f* **flottante** Eischneege-bäck, in einer Vanille-Creme schwimmend

infusion *f* Aufguß, Kräutertee

italienne, à l' auf italienische Art: meistens mit Nudeln, Parmesan und Tomaten

italienne, sauce *f* Weinsauce mit Champignons und Schalotten

jalousie *f* Blätterteiggebäck, mit Konfitüre gefüllt

jambon *m* Schinken

jambon *m* **blanc** leicht gesalze-ner, schwach gekochter Schinken

jambon *m* **braisé (cuit, de Paris)** gekochter Schinken

jambon *m* **cru** roher Schinken

jambon *m* **de Bayonne** leicht gesalzener Rohschinken

jambon *m* **persillé** gekochter Schinken in Petersilienaspik (Burgund)

jambon *m* **saumoné** Lachsschin-ken

jambonneau *m* Eisbein, Haxe vom Schwein

jambonnette *f* kleine Keule, kleiner Schlegel

jardinière *f* **de légumes** frisches, gekochtes Gemüse, als Beilage

jarret *m* große Haxe, Schenkel

jarret *m* **de veau** Kalbshaxe

jaune *m* **d'œuf** Eigelb, Dotter

jets *m* Sprossen

julienne *f* feingeschnittene Gemüsestreifen als Beilage oder Suppeneinlage

Jurassic Hartkäse aus Kuhmilch (Jura)

jus *m* Saft, auch Bratensaft

jus *m* **de fruit** Fruchtsaft

kaki *m* Kakifrucht (Provence)

kir *m* Aperitif, trockener Weiß-wein mit Cassis, schwarzem Johannisbeerlikör

kir *m* **royal** Aperitif, Champa-gner mit Cassis, schwarzem Jo-hannisbeerlikör

kirsch *m* Kirschwasser

kugelhopf (kouglof) *m*
Guglhupf, Napfkuchen (Elsass)

kuign-aman *m* flacher Hefekuchen mit reichlich Butter und
Zucker (Bretagne)

lactaire *m* **délicieux** Edel-
Reizker (Pilz)

Laguiole *m* Hartkäse aus
Kuhmilch (Auvergne)

lait *m* Milch

lait *m* **cru** Rohmilch

lait *m* **entier** Vollmilch

laitue *f* Kopfsalat, Häuptelsalat

lamproie *f* Neunauge
(aalähnlicher Fisch)

langouste Languste

langoustines *f* große Krabben, Kaisergranat

langue *f* Zunge

lapereau *m* junges Kaninchen

lapin *m* Kaninchen

lard *m* Speck

lardé(-e) gespickt

lardons Speckwürfel

Laruns Schafskäse (Pyrenäen)

laurier *m* Lorbeer

lavande *f* Lavendel

lavaret *m* Renke (Süßwasserfisch)

Le Truffier würziger, halbfester Schnittkäse aus Kuhmilch
(Zentralmassiv)

léger (légère) leicht

légumes *m* Gemüse

lentilles *f* Linsen

levreau *m* **(levraut)** junger Hase

Levroux Ziegenkäse (Loire)

levure *f* Hefe

lieu *m* **jaune** heller Seelachs,
Steinköhler, Pollack

lieu *m* **noir (colin,
charbonnier)** Köhler,
Seelachs

lièvre *m* Hase

limace *f* Ackerschnecke
(Provence)

limande *f* **sole** Rotzunge
(Seefisch)

limousine, à la nach Art
des Limousin: meistens mit
Kohl und Maronen zubereitet
oder bei Pilzen mit Sahne und
Knoblauch geschmort

lingue *f* Lengfisch

litre *m* Liter

Livarot *m* deftiger Weichkäse
mit rot-orangefarbener Schmiere
aus Kuhmilch (Normandie)

lorraine, à la auf Lothringer
Art: meistens mit Sauerkraut
oder Rotkohl und Kartoffel-
klößchen (Nockerl)

lotte *f* **de mer (baudroie)**
Seeteufel

lotte *f* **de rivière** Aalrutte,
Quappe (aalähnlicher Süß-
wasserfisch)

loup *m* **de mer** Wolfsbarsch,
Seebarsch (Mittelmeer)

lourd(-e) schwer, fett

lyonnaise, à la nach Lyoner Art: meistens mit Schalotten, Weißweinsauce und Senf oder bei Geflügel: mit Schalotten, Rotkohl und/oder Maronen

macaron *m* Makronenplätzchen

macaroni *m* **alsacien** Anisbrot

macaroni *m* Makkaroni

macaroni *m, pl* **al'italienne** Makkaroni mit Butter und geriebenem Käse

maccaredda Kastanienmehl-Suppe (Korsika)

macédoine *f* **de fruits** Obstsalat

macédoine *f* **de légumes** gemischtes Gemüse

macéré(-e) mariniert, eingelegt

mâche *f* Feldsalat, Rapunzel, Vogerlsalat, Nüsslisalat

madeleines *f, pl* kleine Sandkuchen in Muschelform, Teegebäck (Lothringen)

magrets *m, pl* **de canard** Entenbrustfilet

maigre mager; auch Adlerfisch

maïs *m* Mais

Der »Livarot«

maison (à la maison) nach Art des Hauses, Spezialität des Hauses

mange-tout *m* zarte, grüne Bohnen; auch Zuckererbsen

mangue Mango

manqué *m* luftiger Biskuitkuchen

maquereau *m* Makrele

marc *m* Tresterbrand (Auvergne, Burgund)

marcassin *m* Frischling

marengo Ragout von Kalb oder Hähnchenfleisch, mit Tomaten und Pilzen gedünstet

marinade, en in Marinade

mariner einlegen, marinieren

marinière, à la in einem Weißweinsud mit Kräutern und Zwiebeln gedünstet

marjolaine *f* Majoran

marmite *f* Topf, Eintopf

Maroilles *m* Weichkäse aus Kuhmilch mit orangefarbener bis rötlich-brauner Käseflora und intensiv-kräftigem Aroma

marquise *f* Schaumcreme mit Schokolade oder halbgefroren mit Frucht

marron *m* Esskastanie, Marone

marrons *m, pl* **glacés** glasierte Maronen, Maroni

marseillaise, à la nach Art von Marseille: meistens mit Tomaten, Oliven, Knoblauch und/oder Sardellen

massepain *m* Marzipan; auch Mandelgebäck

matafan *m* Eierpfannkuchen mit Branntwein (Savoien)

matelote *f* Ragout, meist aus Aal und anderen Fischen

matelote *f* **d' anguilles** Aalragout in Weinsauce mit Champignons oder Möhren und Zwiebeln

matelote *f* **de veau** Kalbsragout in Weinsauce

mélange *m* Mischung

mélisse *f* Melisse

melon *m* Melone

– TIPP –

»À la carte« oder »Menu«? Die meisten Restaurants – ob groß oder klein, exklusiv oder rustikal – haben für ihre Gäste drei, vier Menüs in verschiedenen Preisklassen zusammengestellt, z.B. ein preiswertes »menu touristique« mit mindestens drei Gängen, ein »menu du terroir«, das Spezialitäten aus der Gegend bietet, oder ein großes »menu gastronomique« mit bis zu fünf Gängen: Nach »entrée« und/oder »hors-d'œuvre« (Vorspeise) erwarten Sie »viande« und/oder »poisson« (Fleisch- oder Fischgerichte), »légumes« (Gemüse), »fromage« (Käse) und/oder »dessert« (süße Nachspeise), manchmal zusätzlich noch »soupe« oder »potage« (Suppe) sowie ein grüner Salat, »laitue«, nach dem Hauptgericht. Meist stehen pro Gang mehrere Gerichte zur Auswahl. Sagen Sie Madame, Mademoiselle oder Monsieur bei der Bestellung, wofür Sie sich entschieden haben. Wenn Ihnen mehrere Gänge auf den ersten Blick zu viel erscheinen, bedenken Sie: Menüportionen sind in der Regel kleiner als die À-la-carte-Gerichte.

ménagère, à la auf Hausfrauenart: einfach und traditionell zubereitet, z. B. mit Möhren, Zwiebeln und/oder Erbsen

menthe *f* Minze, Pfefferminz

menu *m* Menü; auch Speisekarte

menu *m* **à prix fixe** Menü zu einem festen Preis

menu *m* **du jour** Tagesmenü

menu *m* **du terroir** Menü mit regionalen Spezialitäten

menu *m* **gastronomique** großes Menü mit mindestens vier Gängen

menu *m* **minceur** Schlankheitsmenü

menu *m* **pour enfants** Kindermenü

menu *m* **touristique** preiswertes Menü

merguez *f* scharfe Würstchen aus Hammelfleisch

meringue *f* Baiser

merlan *m* Wittling, Merlan

merle *m* Amsel

merlu *m* Seehecht, Hechtdorsch

mérou *m* **des Basque** atlantischer Wrackbarsch

merveilles *f* kleine, süße Krapfen (Charente)

mesclun *m* Mischung aus verschiedenen Blattsalaten (Provence)

meunière, à la nach Müllerinnenart: meistens in Mehl gewendet und in Butter gebraten

meurette *f* **de Bourgogne**
Ragout aus Süßwasserfischen,
in Rotwein gegart (Burgund)

mi-... Halb...

mi-chèvre halb aus Ziegenmilch hergestellter Käse

miel *m* Honig

mignardise *f* kleines Gebäck
(zum Kaffee nach dem Essen)

mignon *m* **de veau** Kalbsschnitzel

Mignot Weichkäse mit
scharfem Aroma

migourée *f* Meerfisch-Ragout
in Weißweinsauce mit Schalotten
und Kräutern (Charente)

mijoté(e) bei schwacher Hitze
sanft geschmort oder gedünstet

Millassou Kürbiskuchen
(Périgord)

millefeuille *f* Blätterteig

millet *m* Hirse

millière Mais-oder Reisbrei;
süß oder salzig (Anjou)

Mimolette *f* runder Schnittkäse aus Kuhmilch mit mildem
Aroma (Nordfrankreich)

minute, à la kurzgebraten;
auch schnell, frisch zubereitet

mirabelles *f* Mirabellen

mirotons *m, pl* **de bœuf** gekochtes, in Streifen geschnittenes Rindfleisch, meist mit Speck
und Zwiebeln überbacken

moelle *f* Rindermark

mollusques *m, pl* Weichtiere
(Muscheln, Schnecken)

Monaco Bier mit Grenadine

Mont d'Or *m* **(Vacherin du
Haut-Doubs)** sahniger Weich-
käse aus Ziegen- oder Kuhmilch
(Jura, Savoien)

monté(e) steifgeschlagen

Morbier *m* Käse aus roher Kuhmilch mit schmaler Ascheschicht
quer durch den Käselaib (Zentralmassiv)

Mornay, sauce *f* Käsesauce
für gratinierte Gerichte, vor
allem zu Fisch und Gemüse

morille *f* Morchel

morue *f* Stockfisch, luftge-
trockneter Kabeljau

morue *f* **noir (églefin)**
Schellfisch

mostelle *f* Seequappe

mouclades *f, pl* Muscheln mit
Sahnesauce (Bordelais), auch auf
Piniennadeln gegrillte Muscheln
(Charente)

– TIPP –
»Moules« genießen:
Das Fleisch der ersten Muschel
mit der Gabel herauslösen und
essen. Dann die leere Schale als
Essbesteck benutzen: Mit dieser
Muschelzange (die Hälften sollten
gut zusammenhalten) können Sie
nun ganz leicht das Fleisch aus
den anderen Muschelhälften ho-
len. Leere Schalen in die bereit-
gestellte Abfallschüssel legen.
Zum guten Schluss den Muschel-
sud auslöffeln.

moule *f* Miesmuschel

moules *f, pl* **au naturel**
Miesmuscheln im eigenen
Sud

moules *f, pl* **marinière** Miesmuscheln in Weißweinsud mit Zwiebeln und Kräutern

mourtairol *m* Safransuppe, mit Brot serviert (Périgord)

mousse *f* Schaumcreme; auch Püree

mousse *f* **au chocolat** Schokoladenschaumcreme

mousse *f* **de foie de volaille** Geflügelleberpastete

mousseline *f* Schaumcreme aus verschiedenen Zutaten, z. B. Fisch oder Leber, Sahne und Eiweiß; auch süß

mousseron *m* Maipilz, Moosschwämmchen

moutarde *f* Senf

moutarde *f* **à l'ancienne** Senf nach alter Art (grobkörnig)

moutarde *f* **de Dijon** Dijon-Senf (scharf)

mouton *m* Hammel; Hammelfleisch

mulet *m* Meeräsche (Meeresfisch)

Munster *m* Kuhmilchkäse mit starkem Aroma (Elsass)

mûr(-e) reif

mûre *f* Maulbeere; auch Brombeere

mûre *f* **sauvage** Brombeere

murène *f* Muräne (Mittelmeerfisch)

muscade *f* Muskat

museau *m* **de bœuf** Ochsenmaul

»Mousse au chocolat«

myrtille *f* Heidelbeere

mystère *m* Eis in Krokant- oder Schokoladenhülle

nage, à la im (eigenen) Sud

nantais *m* kleiner Mandelkuchen

nantaise, à la nach Art von Nantes: bei Fleisch meistens mit Erbsen, weißen Rübchen und Kartoffelpüree; bei Fisch mit Weißwein-Butter-Sauce

nappé(-e) übergossen, überzogen

nature natürlich; auch im eigenen Saft oder ohne Zusätze zubereitet

navarin *m* Hammelragout mit kleinen Zwiebeln, Möhren und weißen Rüben

navets *m, pl* weiße Rüben

neige *f* Schnee; Eischnee

néroli *m* Mandel-Orangenplätzchen

Neufchâtel pikant-säuerlicher Weichkäse aus Kuhmilch (Normandie), häufig in Herzform

niçoise, à la nach Art von Nizza: meistens mit Tomaten, Sardellen, Knoblauch und/oder Oliven; bei Fisch: mit Tomaten-Sardellen-Sauce

nids *m* Nester

Niolo *m* rechteckiger Ziegenkäse aus Korsika

Noilly Prat Wermut, der in Eichenfässern reift

noir(-e) schwarz, dunkel

noisette *f* Haselnuss; bei Fleisch: Nüsschen, kleine Scheibe vom Rücken

noix *f* Walnuss, bei Fleisch: Rückenstück

noix *f* **de coco** Kokosnuss

noix *f* **de muscade** Muskatnuss

noix *f* **de veau** Kalbsnuss

nonnette voilée Butterröhrling (Pilz)

nonnettes *f, pl* Pfefferkuchen

nonpareilles *f* kleine, besonders feine Kapern; auch bunte Zuckerstreusel

normande, à la auf normannische Art: bei Fleisch und Geflügel: in Sahnesauce mit Apfelscheiben und Calvados; bei Fisch: mit Sahne, Butter und Meeresfrüchten; bei Hummer: mit Calvados-Sahne-Sauce und Ei

nougatine *f* Krokant

nouilles *f, pl* kleine Bandnudeln; auch Nudeln allgemein

nouveau (nouvelle) neu, jung aus diesem Jahr

œuf *m* Ei

œuf *m* **à la coque** weiches Drei-Minuten-Ei

œuf *m* **au plat (sur le plat)** Spiegelei

œufs *m, pl* **brouillés** Rühreier

œufs *m, pl* **durs** hartgekochte Eier

œufs *m, pl* **en meurette** pochierte Eier in würziger Rotweinsauce (Burgund)

œufs *m, pl* **pochés** verlorene (pochierte) Eier

Ofenkiechlas Vanilleplätzchen (Elsass-Lothringen)

oie *f* Gans

oignon *m* Zwiebel

oignonnade *f* Zwiebelragout

oiseau *m* **sans tête** gefüllte Kalbsroulade

oison *m* junge Gans

olive *f* Olive

Oloron cremiger Schafskäse (Béarn)

omble *m* Saibling (Süßwasserfisch)

omble *m* **chevalier** Wandersaibling

omble *m* **de fontaine** Bachsaibling

omelette *f* Eierkuchen, Omelette

omelette *f* **surprise** Eis in Biskuitteig, flambiert

onctueux (onceteuse) ölig, cremig, sahnig

onglet *m* **de boeuf** Ochsenfleischscheibe

orange *f* Orange, Apfelsine

orange *f* **amère** Pomeranze, Bitterorange

orange *f* **pressée** frischgepresster Orangensaft

ordinaire einfach, gewöhnlich

origan *m* Oregano

ormeau *m* Meerohr (Meeresschnecke)

oronge *f* Kaiserling (Speisepilz)

orphie *f* Hornhecht

ortie *f* Brennnessel

os *m* Knochen

oseille *f* Sauerampfer

Ossau-Iraty *m* fester Schafskäse mit mild-aromatischem Geschmack (Baskenland und Béarn)

oursin *m* Seeigel

pa(i)n-bagna(t) *m* Brötchen, in Olivenöl »gebadet« und mit Tomaten, Oliven und Sardellen gefüllt (Provence)

paille *f* Stroh, Strohhalm

paillette *f* Blätterteigstäbchen

pain *m* Brot

pain *m* **bis** Mischbrot

pain *m* **brioché** leicht gesüßtes Brot

pain *m* **céréales** Brot mit Getreidekörnern

pain *m* **complet** Vollkornbrot

pain *m* **d'anis** Anisplätzchen

pain *m* **d'épices** Honigkuchen (Burgund)

pain *m* **de campagne** Brot mit dunklerem Mehl

– TIPP –
Ganz klar gratis: das Wasser: Wasser vom Wasserhahn, »eau plate«, wird meist in einer Karaffe dazugestellt. Wollen Sie ein Markenwasser, etwa »Perrier«, oder ein »eau gazeuse« (mit Kohlensäure), müssen Sie extra bestellen und bezahlen. Auch Brot ist übrigens kostenlos.

pain *m* **de mie** weißes Toastbrot

pain *m* **de poisson** leichter Fischpudding

pain *m* **de seigle** Roggenbrot

paire *f* Paar

palette *f* **de porc** Schweineschulter

palourde *f* Venusmuschel

pamplemousse *m* Pampelmuse, Grapefruit

panaché gemischt; auch kurz für Bier mit Zitronenlimonade

panade *f* Brotsuppe

panais *m* Pastinake

pané(-e) paniert

panier *m* Korb

pannequets *m, pl* gefüllte Pfannkuchen

papeton gebackenes Auberginenpüree (Provence)

parfait *m* **de foie gras** fein eingelegte Gänsestopfleber

parfait *m* mit Sahne und Eiern zubereitete Eiscreme

parfum *m* Duft

Weinbrand-Parfait

parfums *m, pl* Eiscremesorten, Geschmacksrichtungen

Paris-Brest Brandteiggebäck mit Cremefüllung und Mandelhaube

parisienne, à la auf Pariser Art, meist mit Kartoffeln, Champignons und/oder Artischokenböden

Parmentier, à la mit Kartoffeln zubereitet oder garniert

Pasten de Châteaulin Ostergebäck (Bretagne)

pastèque *f* Wasssermelone

pastis *m* Aperitif mit Anisaroma

patate *f* Süßkartoffel

pâte *f* Teig

pâte *f* **à choux** Brandteig

pâte *f* **au levain (pâte levée)** Hefeteig

pâte *f* **brisée** Mürbeteig

pâte *f* **de cédrat** Zitronengelee (Bayonne)

pâte *f* **feuilletée** Blätterteig

pâtes *f* Nudeln

pâté *m* Pastete

pâté *m* **creusois aux pommes de terre** Kartoffelpastete (Limousin)

pâté *m* **de campagne** kräftige Bauernpastete aus verschiedenen Fleischsorten und Leber

pâté *m* **vendéen** Kaninchenterrine (Vendée)

pâtisserie *f* Gebäck

patron (patronne) Wirt (Wirtin)

paupiette *f* Roulade

pavé *m* »Pflasterstein«; Fleisch-, Fisch- oder Käsewürfel oder Pastete in viereckiger Form; auch viereckiges Gebäck mit süßer Füllung

Pavé *m* **d'Auge (Pavé de Moyaux)** pikanter, viereckiger Schnittkäse (Normandie)

pays *m* Land, Region

pays, du regional, aus der Gegend, typisch für die Region

paysan(-ne) bäuerlich, rustikal

peau *f* Haut, Schale

pêche *f* Pfirsich

pêcheur, à la »nach Fischer-art«: meistens mit Fisch und Meeresfrüchten

pélamide *f* Pelamide (Thunfischart)

perche *f* Flussbarsch

perdreau *m* junges Rebhuhn

perdrix *f* Rebhuhn

périgourdine, à la nach Périgord-Art: mit Trüffeln oder Geflügelleber, bei Pilzen meistens mit Speck, Knoblauch und Rotwein oder Traubensaft

Pernod *m* Aperitif mit Anisaroma

persil *m* Petersilie

persillade *f* mit Essig, Öl und feingehackter Petersilie zubereitet

– TIPP –
Der Aperitif: Er verkürzt die Wartezeit vorm Essen , regt Appetit und Sinne an. Klassisch gut: ein Glas trockener Weißwein, Crémant oder Champagner, auch mit einem Schuss Cassis als Kir oder Kir royal. Typisch französisch: ein Glas »vermouth« oder ein »pastis«, ein Aperitif mit Anis-Lakritz-Geschmack, der mit frischem Wasser verlängert wird.

persillé(-e) mit Petersilie und evtl. Knoblauch zubereitet oder angerichtet; bei Fleisch: marmoriert, von feinen Fettadern durchzogen; bei Käse: mit Blauschimmel

petit(-e) klein

petit-déjeuner *m* Frühstück

petit noir *m* kleiner, schwarzer Kaffee

petit pain *m* Brötchen

petit suisse *m* kleiner, runder Frischkäse; Quark

petits fours *m, pl* kleine, gefüllte und mit Zuckerguss verzierte Kuchen, Teekonfekt

petits *m, pl* **gâteaux** *m* Kekse, Gebäck

petits-gris *m, pl* kleine Schnecken

petits-pois *m, pl* grüne Erbsen

pétoncle *m* Kammmuschel, kleine Jakobsmuschelart

pets *m* **de nonne** kleine Brandteigkrapfen (Franche-Compté)

picholine *f* kleine, grüne Olive

picodon *m* kleiner, weicher Ziegenkäse

pièce *f* Stück

pied *m* Fuß

pied *m* **de fenouil** Fenchelknolle

pieds *m,pl* **de cochon** Schweinsfüße

pieds *m, pl* **de mouton** Hammelfüße; auch Schafpilze

pieds *m, pl* **de veau** Kalbsfüße

pieds *m* **et paquet** geschmorte Hammelfüße und gefüllte Hammelkutteln (Provence)

pigeon *m* **(ramier** *m*) Taube

pigeon *m* **à la crapaudine** Taube, paniert und gebraten

pigeonneau *m* Täubchen

pignon *m* Pinienkern

piment *m* Gewürz allgemein;
auch kleine, scharfe Paprika-
schote (Baskenland)

piment *m* **des Anglais**
Nelkenpfeffer, Piment

pimenté(-e) scharf gewürzt

piments *m* **doux** Gemüse-
paprikaschoten

pimprenelle *f* Pimpinella

pintade *f* Perlhuhn

pintadeau *m* junges Perlhuhn

piperade *f* Omelette mit
Tomaten, scharfen Paprika-
schoten, Knoblauch und
Bayonner Schinken oder
Speck (Baskenland)

pissaladière *f* Quiche mit
Tomaten, schwarzen Oliven,
Sardellen (Provence)

pissenlit *m* Löwenzahn

pistache *f* Pistazie

pistache *f* **de mouton**
Hammelragout mit Bohnen
und Knoblauch

pistou *m* Paste aus Basilikum,
Knoblauch, Käse und Olivenöl
(Provence)

plat *m* Teller, Platte, Gericht

plat *m* **du jour** Tagesgericht

plat *m* **principal** Hauptgericht

plats régionaux, les
Spezialitäten der Gegend

plateau de fromage Käseplatte

plein(-e) voll

plie *f* kleine Scholle

poché(-e) pochiert

pochouse Fischeintopf aus
Süßwasserfischen, in Weißwein
gegart (Burgund)

poêle *f* Pfanne

poêlé(-e) in der Pfanne gebraten

poids *m* Gewicht

point, à »auf den Punkt« gegart;
bei Kurzgebratenem: fast durch,
innen rosa

Ein Klischee? Monsieur mit Baguettes

poire *f* Birne

poireau *m* Lauch, Porree

pois *m* Erbsen

pois *m* **chiches** Kichererbsen

poisson *m* Fisch

poisson *m* **d'eau douce**
Süßwasserfisch

poisson *m* **de mer** Meeresfisch

poisson *m* **de rivière** Flussfisch

poissons *m* **de roche** Felsen-
fische, kleine Mittelmeerfische

poitrine *f* Brust

poivre *m* Pfeffer

poivre *m* **vert** grüner Pfeffer

poivré(-e) gepfeffert

poivron *m* Gemüsepaprika

pomme *f* Apfel

pommes *f, pl* **à l'huile**
Kartoffelsalat, Erdäpfelsalat

pommes *f, pl* **au four** Bratäp-
fel

pommes *f, pl* **de terre** Kartoffeln, Erdäpfel

pommes *f, pl* **de terre en salade** Kartoffelsalat, Erdäpfelsalat

pommes *f, pl* **de terre mousseline** Kartoffelpüree

pommes *f, pl* **de terre nature** Salzkartoffeln

pommes *f, pl* **de terre
sautées** Bratkartoffeln

pommes *f, pl* **soufflées**
Polsterkartoffeln

*»Potage aux meuniers« – Hühner-
suppe mit Pilzen*

pommes *f, pl* **de terres en
chemise, (- en robe des champs)**
»Kartoffeln im Hemd«, Pellkartoffeln, Erdäpfel in der Schale,
Gschällti

pompe *f* festlicher Kuchen mit
salzigen oder süßen Zutaten
(Südfrankreich)

Pont l'Évêque *m* würziger
Weichkäse mit Rotschmiere
(Normandie)

porc *m* Schwein, Schweinefleisch

porcelet *m* junges Schwein,
Spanferkel

porto *m* Portwein

Port-Salut klassischer Trappistenkäse

pot *m* Topf, Krug

potable trinkbar

potage *m* Suppe

potage *m* **clair** klare Brühe

pot-au-feu *m* Suppentopf mit
Rindfleisch, Markknochen und
Gemüse, auch mit Huhn; das
Fleisch wird mit dem Gemüse,
das Rindermark separat mit der
Brühe serviert

potée *f* kräftige Suppe, Eintopf, je nach Region verschieden

potiron *m* Riesenkürbis

poularde *f* junges Masthuhn, Poularde

poularde *f* **de Bresse** Poularde aus der Bresse

poule *f* Huhn, Henne

poule *f* **au pot** »Huhn im Topf«, Suppeneintopf mit Huhn

poulet *m* **de grain** Hähnchen, das nur mit Getreide gefüttert wurde

poulet *m* **rôti** Brathähnchen, Brathendl

Pouligny-Saint-Pierre *m* Ziegenmilchkäse in Form einer Pyramide (Centre)

poulpe *m* Krake, Tintenfisch

pourboire *m* Trinkgeld

pousse *f* Sprosse, Schössling

pousses *m* **de bambou** Bambussprossen

pousse-café *m* Weinbrand oder Likör, nach dem Kaffee getrunken, Digestif

poussin *m* Stubenküken

praire *f* Venusmuschel

pré *m* Wiese

pré-salé *m* Fleisch von Lämmern und Schafen, die auf salzhaltigen Wiesen an der Atlantikküste geweidet haben

pressé gepresst

pression, à la Kurzform für ein Getränk vom Fass allgemein

pression, une *f* Kurzform für Bier vom Fass

prêt(-e) fertig

primeurs *f* Frühlingsgemüse, Frühobst

printanier (printanière) mit Frühlingsgemüse garniert

prix *m* Preis

prix *m* **tout compris** Preis inkl. Bedienung und Mehrwertsteuer

profiterole *f* kleiner, gefüllter Windbeutel aus Brandteig

provençale, à la auf provenzalische Art, meistens mit Tomaten, Knoblauch, Kräutern und/oder Oliven; bei Fleisch auch mit Kräutern und Knoblauch in Tomaten-Wein-Sauce

prune *f* Pflaume

pruneau *m* Backpflaume

prunelle *f* Schlehe

pudding *m* Pudding

pulpe *f* Fruchtfleisch

pur(-e) rein, echt

pur beurre mit reiner Butter

purée *f* Püree

purée *f* **Crécy** Möhrenpüree

purée *f* **de pommes** Apfelmus

purée *f* **soubise** Zwiebelpüree

pyrénées *f* **pur brebis** würziger Schafmilch-Käse aus den Pyrenäen

pyrénées *f* **vache** Pyrenäenkäse aus Kuhmilch

quart *m* Viertel

quasi *m* **de veau** Kalbskeule, -schlegel

quatre-quarts *m, pl* »Vierviertel«; runder Kuchen aus den vier Grundzutaten Mehl, Butter, Eier und Zucker, häufig mit Vanille, kandierten Früchten, Mandeln (Bretagne)

quenelle *f* Kloß aus pürierten Zutaten mit Eiweiß und Sahne, im Unterschied zur »mousseline« mit Brandteig und Wasser pochiert

quenelles *f* **de brochet** Hechtklößchen, -nockerln (Burgund)

quetsche *f* Zwetschge

queue *f* **de bœuf** Ochsenschwanz

quiche *f* herzhafter Mürbeteigkuchen mit Ei, Gemüse, Fleisch, Käse o.a.

quiche *f* **lorraine** Speckkuchen mit Ei und Käse (Lothringen)

râble *m* **de lapin** Kaninchenrücken

râble *m* **de lièvre** Hasenrücken (Burgund)

Raclette *f* gut schmelzender Schnittkäse aus Kuhmilch (Alpen, Auvergne); Gericht: geschmolzener Raclettekäse mit Pellkartoffeln und Sauergemüse

radis *m* Rettich

radis *m* **, petit** Radieschen

ragoût *m* Schmorgericht, Ragout, eingemachtes Fleisch

raie *f* Rochen

– TIPP –
Reiseführer für kulinarische Streifzüge: Möchten Sie die ganz große Küche kennen lernen? Dann vertrauen Sie den Klassikern unter den Restaurant-Führern: Gault-Millau oder Michelin. Sie zeigen Ihnen die mit Sternen (Michelin) oder Kochmützen (Gault-Millau) ausgezeichneten Gourmet-Tempel. Michelin weist Ihnen auf eher nüchterne Art den Weg zu kulinarischen Sternstunden, der Gault-Millau erklärt ausführlicher, welche Restaurants und Gerichte die Testesser begeisterten (oder empörten). Im Michelin zeigt ein rotes »R« preis- und empfehlenswerte Restaurants »für jeden Tag« an.

raifort *m* Meerrettich

raisin *m* Weintraube, Weinbeere

raisins *m, pl* **secs** Rosinen, Sultaninen

raïto würzige Sauce mit Tomaten, Olivenöl, Rotwein, Knoblauch, Zwiebeln und Kräutern, in der Regel zu Fisch

ramequin *m* gebackenes Käsetörtchen (Franche-Comté); auch Portionsförmchen

ramier *m* **(ramereau** *m***)** Ringeltaube

râpé(-e) gerieben, geschabt

rapide schnell

rascasse *f* Drachenkopf (Mittelmeerfisch)

ratatouille *f* Gemüsetopf mit Tomaten, Zucchini, gelben oder roten Paprika, Auberginen und Knoblauch und Kräutern (Provence)

rave *f* Rübe

ravigote, sauce *f* Vinaigrette mit Kapern, Schalotten und Kräutern, zu warmem Fleisch

Reblochon *m* **de Savoie** cremiger, milder Kuhmilchkäse mit leicht nussigem Geschmack (Savoyen)

recette *f* Rezept

réchaud *m* Warmhalteplatte

réduire einkochen, eindicken

régime *m* Diät, Schonkost

reine-claude *f* Reneklode, gelbe Pflaume

rémoulade, sauce *f* Remouladensauce: Mayonnaise mit Kapern, Kräutern und anderen Gewürzen

renversé(e) gestürzt

requin *f* Hai

rhubarbe *f* Rhabarber

rhum *m* Rum

rich(-e) reich, ergiebig

rigodon *m* Schinkenfladen (Burgund)

rillettes *f, pl* Rillette, Schmalzfleisch: meistens Schwein oder Geflügel, aber auch Aal oder Lachs, im eigenen Schmalz eingemacht und püriert (Loiretal)

rillettes, en zerkleinert, gehackt

rillons *m, pl* Grieben, Griebenschmalz

ris *m* Bries

ris *m* **de veau** Kalbsbries

rissole *f* Blätterteiggebäck, salzig oder süß gefüllt

rissolé(-e) goldbraun gebraten, knusprig gebacken

riz *m* Reis

riz *m* **au lait** Milchreis

riz *m* **brun** ungeschälter Naturreis

riz *m* **pilaf** Reis in Brühe mit geschmorter Zwiebel

riz *m* **sauvage** Wildreis

robe, en in der Schale, mit Haut zubereitet

rocamboles *f* Perlzwiebeln

rognon *m* Niere

rognonnade *f* Nierenbraten

romaine *f* Romanasalat (Blattsalat)

romarin *m* Rosmarin

rond(-e) rund

rondelle *f* runde (Wurst-)Scheibe

R

Roquefort *m* pikanter Blau-schimmelkäse aus Schafmilch

rosbif *m* Roastbeef

rosé *m* **des forêts** Wald-champignon

rosette *f* luftgetrocknete Salami vom Schwein

rôti *m* gebraten, Braten

rôti *m* **de bœuf** Rinderbraten

rôti *m* **de porc** Schweinebraten

rouelle *f* Beinscheibe vom Kalb oder Schwein

rouge rot

rouget-barbet *m* Rotbarbe

rouille *f* scharfe, rote Mayon-naise mit Knoblauch und Pfeffer-schoten, zu Fischsuppen und -ge-richten (Provence)

roulade *f* Roulade

roulé *m* Rolle

roulé *m* **à la confiture** Biskuitrolle mit Marmelade

rouleau *m* Rolle, Teigrolle

roussette, petite *f* Katzenhai

roux *m* Mehlschwitze

rumsteak *m* Rumpsteak

rustique ländlich, rustikal

rutabaga *m* Steckrübe

Sabayon, crème *f* Zabaione, Eier-Weinschaum-Creme

sablé *m* Sandkuchenteig

sablé *m* Keks aus Sandkuchen-teig

sachet *m* kleiner Beutel, Sack

sachet *m* **de thé** Teebeutel

sacristains *m, pl* Bätterteigstangen

safran *m* Safran

saignant(-e) blutig

Saint-Albray *m* Weichkäse aus Kuhmilch

Sainte-Maure *f* aromatischer, weicher Ziegenkäse, Rinde mit Holzasche oder Weißschimmel (Touraine)

Saint-Jacques *m, pl* Jakobs-muscheln

Saint-Nectaire *m* mild-würzig Kuhmilchkäse mit feiner Weiß-schimmelflora (Zentralmassiv)

Saint-Paulin *m* dezent-pikan-ter Kuhmilch-Käse (Bretagne)

saint-pierre *m* Petersfisch

saison *f* Jahreszeit

salade *f* **crue** Rohkostsalat

salade *f* **cuite** Gemüsesalat

salade *f* **de seiches** Salat aus marinierten Tintenfischen

salade *f* **demi-deuil** »Salat in Halbtrauer«, meistens Kartoffel-salat mit Trüffelscheiben und Senf-Sahne-Sauce

salade *f* **lyonnaise** »Lyoner Salat«, meistens grüner Salat mit Speckstückchen und Croûtons

salade *f* **niçoise** »Nizza-Sa-lat«, meistens grüner Salat mit Paprika, weißen Bohnen, Zwie-beln, Sardellenfilets, Oliven und/oder Ei, heute auch häufig mit Tunfisch

salade f **russe** »russischer Salat«, gekochte Gemüsestückchen in Mayonnaise

salé m gepökeltes Schweinefleisch

Salers m Kuhmilchkäse aus Rohmilch mit kräftigem Aroma (Auvergne)

salicorne f Salzpflanze an der Atlantikküste, als Salat oder in Essig eingelegt als Gewürz

salière f Salzstreuer

salmis m Ragout von Wild oder Geflügel, meistens mit Rotwein

salpicon m Ragout aus kleingewürfeltem Fleisch und Gemüse

salsifis m **noir** Schwarzwurzel

sandre f Zander

sang m Blut

sanglier m Wildschwein

sans ohne

sar m Weißbrasse (Meeresfisch)

sardine f **(pilchard)** Sardine

sarrasin m Buchweizen

sarriette f Bohnenkraut

sauce f **antiboise** mit Tomatenmark, Sardellenpaste und feingehacktem Estragon gewürzte Mayonnaise, zu Krustentieren

sauce f **aurore** weiße Sauce mit Tomaten(mark), Kalbsund/oder Geflügelfond

sauce f **béarnaise** helle Buttersauce mit Eigelb, Essig oder Weißwein, Schalotten und Estragon und anderen Kräutern

sauce f **Bercy** Sauce aus Weißwein, Schalotten und Fischfond, zu gekochtem Fisch

sauce f **bourguignonne** Burgundersauce: dunkle, mit Thymian, Lorbeer, Champignons und/oder Petersilie aromatisierte Rotweinsauce

sauce f **diable** Teufelssauce mit Weißwein und Tomaten

sauce f **gribiche** Kräutermayonnaise mit hartgekochten Eiern, Kapern und Gewürzgurken

sauce f **hollandaise** helle Eigelb-Butter-Sauce

sauce f **italienne** Weinsauce mit Champignons und Schalotten

sauce f **Mornay** Käsesauce für gratinierte Gerichte, vor allem zu Fisch und Gemüse

sauce f **ravigote** Vinaigrette mit Kapern, Schalotten und Kräutern, zu warmem Fleisch

sauce f **rémoulade** Remouladensauce: Mayonnaise mit Kapern, Kräutern und anderen Gewürzen

sauce f **royale** Geflügelrahmsauce mit Trüffeln und Sherry

sauce f **soubise** Zwiebelsauce

sauce f **tartare** Mayonnaise mit Ei, sauren Gürkchen und frischen Kräutern, zu Ei und Fisch

»Salade niçoise«

sauce _f_ **veloutée** helle Samt-sauce, mit Eigelb, Sahne und Fond zubereitet

saucisse _f_ Wurst (zum Kochen oder Braten); Würstchen

saucisson _m_ Wurst (für Auf-schnitt)

saucisson _m_ **sec** Dauerwurst

sauge _f_ Salbei

saumon _m_ Lachs

saumonette _f_ Katzenhai

sauté(-e) geschmort; auch Ragout

sauvage wild

sauvage, à la naturbelassen

savoyarde, à la nach Art von Savoyen: meist mit Sahne, Käse und Kartoffeln

sec (sèche) trocken

seiche _f_ Sepia, Tintenfisch

seigle _m_ Roggen

sel _m_ Salz

sel, au in Salzkruste gegart

selle _f_ **de chevreuil** (Reh-)Rücken

selon je nach

selon l'arrivage je nach Fang

selon la grandeur je nach Größe

selon le poids je nach Gewicht

semoule _f_ Grieß

serpolet Feldthymian

service _m_ Bedienung

sésame Sesam

silure glane Wels

sirop _m_ Sirup

sole _f_ Seezunge

sorbe Vogelbeere

sorbet Sorbet, halbgefrorenes Fruchtpüree, Wassereis

soubise, sauce _f_ Zwiebelsauce

soufflé leichter Auflauf, süß oder salzig, Soufflee

soupe _f_ Suppe

soupe _f_ **à la pie** süße Rot-weinsuppe (Anjou)

soupe _f_ **à la reine** »Königin-nen-Suppe«, Geflügelsuppe mit Mandeln (Île-de-France)

soupe _f_ **basque** Fischsuppe

soupe _f_ **du berger** »Schäfer-suppe« Zwiebelsuppe mit Gemü-se und Käse (Béarn)

souper _m_ spätes Abendessen, in manchen Gegenden auch Abend-essen

»Sole au champagne« – Seezunge

soupiers *m, pl* **(pets) de nonne** kleine Brandteigkrapfen (Franche-Comté)

sprat *m* **(menuise** *f***, melette** *f***)** Sprotte

steak de cheval Pferdesteak

sucre *m* Zucker

sucré(-e) gezuckert

supion *m* Tintenfisch

supplément *m* Aufpreis

suprême *m* bestes Stück Fleisch; bei Dessert feines Sahnedessert

suprême *m* **de volaille** Geflügelbrust in weißer Sauce

sur commande auf Bestellung

surgelé(-e) tiefgefroren

surprise *f* Überraschung

Suze Kräuter-Aperitif

taboulé (tabbouleh) Kuskus-Salat mit Minze, Zwiebeln, Tomaten u.a.

tanche *f* Schleie (Süßwasserfisch)

tapenade *f* Olivenpaste aus schwarzen oder grünen Oliven, mit Sardellen, Kapern und Olivenöl (Provence)

tarte *f* flacher Kuchen aus Mürb- oder Blätterteig, salzig oder süß belegt; Obstkuchen

tartare, bifteck *m* Beefsteakhack (Faschiertes) mit Kräutern, Schalotten und Kapern

tartare, sauce *f* Mayonnaise mit Ei, sauren Gürkchen, Kapern und frischen Kräutern

tarte *f* **à l'oignon** Zwiebelkuchen (Elsass)

tarte *f* **aux pommes** flacher Apfelkuchen

tarte *f* **bourbonnaise** süßer Quarkkuchen (Burgund)

tarte *f* **des demoiselles Tatin (tarte Tatin)** Apfeltarte mit Karamell (Loiretal)

tartelette *f* Törtchen, kleine Torte

tartine *f* Butterbrot

tendre zart, weich

tendron *m* **de veau** Kalbsbrustscheibe

terrine *f* Terrine, Pastete ohne Teig mit Fleisch, Fisch oder Geflügel

terroir Grund, Boden, Region

terroir, du aus der Region

tête *f* Kopf, Kopfstück; auch kurz für Sülze

thé *m* Tee

thé *m* **à la menthe** Tee mit frischem Minzblatt

thé *m* **au citron** Tee mit Zitrone

thé *m* **au lait** Tee mit Milch

thon *m* Tunfisch

thym *m* Thymian

tiède lauwarm

tilleul *m* Lindenblüte

timbale *f* Auflaufförmchen; auch kleine Pastetchen ohne Teig, in Förmchen gegart, oft Gemüsebeilage

tisane *f* Kräutertee

tomate *f* Tomate; auch Pastis mit Grenadine

tomates, concentré *m* **de** Tomatenmark

Tomme de Savoie *f* weicher Kuhmilchkäse (Savoyen)

topinambour *m* Erdartischocke, Topinambur (Knollengewächs)

torta Aniskuchen mit Pinienkernen (Korsika)

tortue *f* Schildkröte

tourain *m* Tomatensuppe mit Käse (Périgord)

tournedos *m* Rinderfiletscheiben

tournedos *m* **Rossini** Rinderfiletscheibe, mit Gänseleberpastete und Trüffeln gefüllt

tournesol *m* Sonnenblume

tourte *f* rundes Brot; auch gefüllte Torte oder Pastete

tourteau *m* Taschenkrebs; auch weicher Käsekuchen mit stark gebräunter Oberfläche (Charente)

tout compris alles im Preis inbegriffen

toute-épice *f* Piment, Nelkenpfeffer

tranche *f* Scheibe, Stück

tranche *f* **de veau** Kalbsschnitzel

trancher ab- oder zerschneiden

trempé(-e) eingeweicht, getränkt

tripeaux *m, pl* gefüllte Hammelfüße (Auvergne)

tripes *f, pl* Eingeweide, Kutteln, Kaldaunen

tripous (**tripoux**) Gericht mit Lamm- oder Hammelkutteln (Auvergne)

trompette *f* **de la mort** Toten-, Herbsttrompete (Speisepilz)

trou *m* **du milieu** ein Glas Schnaps zwischen den Gängen, um bei einem großen Menü Platz im Magen zu schaffen

trou *m* **normand** »normannisches Loch«: Calvados, den man in der Essenspause trinkt, um Platz im Magen zu schaffen

Trouville Weichkäse

truffade *f* Kartoffel-Speck-Pfanne (Auvergne), auch Kartoffel-Tomaten-Pfanne (Dauphiné)

truffé(-e) getrüffelt

truffes *f, pl* Trüffelpilz

truite *f* Forelle

truite *f* **au bleu** Forelle blau

truite *f* **saumonée** Lachsforelle

ttorro Fischragout mit Atlantikfischen (Baskenland)

tuiles *f* **aux amandes** Mandelgebäck

turbot *m* Steinbutt

turbotin *m* kleiner Steinbutt

vache *f* Kuh

Vacherin *m* milder Kuhmilchkäse (Jura)

vacherin *m* üppiges Dessert aus Baiser, Eiscreme und Sahne

Valençay Ziegenkäse aus

dem Loiretal

vallé *m* **d'Auge** mit Äpfeln oder Calvados zubereitet (Normandie)

vanille *f* Vanille

vapeur *m* Dampf

vapeur, à la im Dampf gegart

– TIPP –
Gramm für Gramm ein Genuß: Eine unscheinbare schwarze Knolle krönt den kulinarischen Reichtum des Perigord: »truffe«, der schwarze Perigord-Trüffelpilz. Feinschmecker geben ein Vermögen für ihn aus. Im Spätherbst schnuppern Schäferhunde, früher Schweine, unter mächtigen Eichen nach der raren Kostbarkeit. Nach der Ernte wird der Pilz getrocknet und konserviert. Von einem Kilo bleiben dann nur 750 Gramm. Doch schon ein Grämmchen reicht, um Gänseleberpasteten, Rührei oder feinen Saucen letzten kulinarischen Schliff zu geben.

varié(-e) verschieden

veau *m* Kalb, Kalbfleisch

velouté *m* gebundene Suppe, Cremesuppe, Samtsuppe

veloutée, sauce *f* helle Samtsauce, mit Eigelb, Sahne und Fond zubereitet

venaison *f* Wildfleisch

ventre *m* Bauch

verdure *f* Salat, »Grünzeug«

véritable echt

verre *m* Glas

vert(-e) grün

vert-pré »grüne Wiese«: mit grüner Beilage, z. B. mit Bohnen, Erbsen, grünen Spargelspitzen und Kräuterbutter

Verveine *f* Eisenkrauttee

Verveine *f* **du Velay** bitterer Kräuterlikör

viande *f* Fleisch

viande séchée luftgetrocknetes Fleisch

vichyssoise *f* sahnige Kartoffel-Lauch-Suppe, oft kalt serviert

viennoise, escalope Wiener Schnitzel

vieux (vieille) alt

vif (vive) frisch, lebendig

vigneronne, à la nach Winzerart: meistens Weinsauce

vinaigre *m* Essig

vinaigrette *f* Salatsauce aus Essig, Öl und Kräutern

vivante lebendig

volaille *f* Geflügel

vol-au-vent *m* »fliegt in die Luft«: hohe, runde Blätterteigpastete, gefüllt mit Frikassee

volonté, à nach Belieben

yaourt *m* Joghurt

zéphir *m* Schaumspeise, -auflauf

zeste *m* Streifen von Zitrusfruchtschalen

Ziwelwai Zwiebelkuchen mit Speck (Elsass)

Großbritannien

Ärmelkanal

Belgien · Deutschland

★ Weinanbaugebiete

Nord, Pas-de-Calais

Picardie

Champagne

Lothringen

Elsaß

Normandie

□ Paris
Île-de-France

Champagne-Ardennes

★ Chablis

★ Elsaß

Bretagne

Pays de Loire

Auxerrois ★

Burgund

Côte de Nuits,
Côte de Beaune ★

★ Anjou

Touraine ★

Centre-Val de Loire

★ Sancerre,
Pouilly-Fumé

Franche-Comté

Schweiz

★ Muscadet

Saumur ★

Poitou-Charentes

Limousin

Beaujolais ★

Auvergne

Côte Rôtie ★
St-Joseph ★

Rhône-Alpes

Hermitage ★

Italien

Golf von Biscaya

★ Bordeaux

★ Cahors

Aquitanien

Midi-Pyrénées

Languedoc-Roussillon

Côtes du Rhône ★

Provence-Alpes-Côte d'Azur

Côtes de Provence ★

★ Madiran

Bandol ★

★ Côtes du Roussillon

Coteaux du Languedoc ★

Korsika

N

0 —— 250 km

© MERIAN-Kartographie

Andorra

Spanien

Mittelmeer

Große Auswahl bieten die französischen Weine.

KLEINES
WEINLEXIKON

Frankreichs Trauben

Der Aufstieg Frankreichs zur Weinnation par excellence begann vor gut 2500 Jahren, als Griechen Weinreben nach Frankreich brachten und im Midi anbauten. Die Römer sorgten dann dafür, dass auch im Rhônetal Reben sprossen, in Burgund und im Bordelais. Heute wachsen fast in jedem Département Frankreichs Weintrauben.

Cabernet Sauvignon, Cabernet Franc und Merlot verleihen den großen, tiefroten Bordeaux Kraft und Charakter. Aus der Semillion-Traube werden im Bordelais die edelsüßen Sauternes gekeltert, mit Sauvignon Blanc die weißen, trockenen Graves.

Pinot Noir, die große Burgunder-Traube, prägt die samtig-aromatischen Rotweine der Côte-d'Or. Im Beaujolais werden aus der Gamay-Traube nicht nur der leichte Primeur, sondern auch die lagerfähigeren Beaujolais Crus gekeltert. Feine weiße Burgunder liefert die Chardonnay-Traube, z.B. Chablis oder Meursault. Sie ist auch die wichtigste Traubensorte für Champagner.

Fruchtig-elegante Weißweine entstehen an der Loire aus der Sauvignon-Blanc-Traube, hier Blanc Fumé genannt, z.B. Sancerre. Aus der Muscadet-Traube keltern Winzer an der Mündung der Loire den sehr trockenen Muscadet-Weißwein. Cabernet Franc sorgt in der Touraine für die wohl besten Loire-Rotweine.

Im Elsass wachsen die Weißweintrauben Riesling, Pinot Gris, Sylvaner, Gewürztraminer und Pinot Blanc. Der Edelzwicker ist ein Verschnitt aus verschiedenen Sorten.

An der nördlichen Rhône prägt die ausdrucksvolle Syrah-Traube die Weine, im südlichen Rhonetal auch die kräftige Grenache, z. B. Gigondas. Grenache enthalten auch gute Rotweine aus der Provence, mit Cinsault auch die fruchtigen Rosés.

A

à point trinkreif

A.C./A.O.C. (Appellation f **d'Origine Contrôlée)** kontrollierte Herkunftsbezeichnung für französische Weine. Produktion, Qualität und Herkunft müssen bestimmten amtlichen Richtlinien entsprechen. Vergleichbar mit deutschen Qualitätsweinen mit Prädikat.

– TIPP –
Kontrollierte Herkunft und Qualität: »Vin de table« ist einfacher Tafelwein ohne Herkunftsangabe. Mit »Vins de pays« werden Landweine bezeichnet, die aus einer Großregion stammen, z.B. aus dem Südwesten, oder aus einem Département, z. B. Hérault. Strengeren Anforderungen in punkto Qualität und Herkunft unterliegt Wein mit der Einstufung V.D.Q.S. (»Vin délimité de qualité supérieure«). Die oberste Güteklasse zeigen die Buchstaben A.O.C. oder A.C. an – Weine mit »Appellation d'Origine contrôlée« müssen den strengsten Richtlinien entsprechen. Und dabei gilt: Je kleiner das A.C.-Anbaugebiet, desto enger gefasst sind auch die Vorschriften. Bei den Bordeauxweinen gibt es noch zusätzliche, von Gebiet zu Gebiet unterschiedliche Klassifizierungen, die von »cru bourgeois« bis zu »premier grand cru« reichen. In Burgund haben z.T. Lagen, »crus«, eine eigene A.O.C.

A.O.V.D.Q.S. (Appellation f **d'Origine Vin délimité de qualité supérieure)** Qualitätseinstufung unterhalb der A.O.C.-Weine, auch kurz V.D.Q.S.

acerbe bitter, unharmonisch

acide sauer, Säure

acidité f Säuregehalt

aigre sauer, säuerlich

Aligoté kräftiger Weißwein aus der Aligoté-Traube (Hauptanbau: Burgund)

Aloxe-Corton Weindorf an der Côte-de-Beaune mit vollmundigen, schweren Weißweinen, u.a. dem Grand-Cru Corton-Charlemagne, und Rotweinen (Burgund)

Anjou Anbaugebiet um die Stadt Angers, aus dem würzig-fruchtige Rotweine und halbsüße Rosé, auch Saumur-Weißwein stammen (Pays de Loire)

Arbois Stadt im Jura, aus dem A.C.-Weiß-, Rot- oder Roséwein stammt

Armagnac Weinbrand, destilliert aus Wein des Armagnac-Gebiets im Südwesten Frankreichs

Auxerrois weiße Traube für körperreiche Weißweine, u.a. im Edelzwicker (Hauptanbau: Elsass). In Cahors wird die Malbec-Traube so genannt

ballon m kleines Weinglas (0,1 l)

Bandol Ort an der Côte d'Azur mit fruchtig-samtigen A.C.-Rotweinen, auch Weiß- und Roséweinen (Côtes-de-Provence)

B

Banyuls alkoholreicher A.C.-Likörwein aus dem Ort an der spanischen Grenze, beste Sorten Grand Cru

barrique f Eichenholzfass mit 225 l Inhalt, früher als Transportgefäß in Bordeaux üblich, heute zur Reifung von Weinen verwendet

Barsac A.C.-Weinort nördlich von Sauternes, aus dem süße Weine stammen (Bordelais)

Béarn A.C.-Gebiet im Südwesten mit einfachen bis guten Rot-, Rosé- und Weißweinen, z.B. Madiran oder Pacherenc-du-Vic-Bilh

Beaujolais leichter, fruchtiger Rotwein aus der Gamay-Traube, den man jung trinken sollte. Alkoholreicher ist der Supérieur. Der Beaujolais Nouveau, der neue Beaujolais, wird auch Primeur genannt. Die besseren Beaujolais Villages stammen aus bestimmten Beaujolais-Gemeinden.

Beaujolais Cru Spitzenlage des Beaujolais: Die gehaltvollen Weine aus den Dörfern Brouilly, Chénas, Chiroubles, Côtes de Brouilly, Fleurie, Juliénas, Moulins-à-vent, Mourgon, Régnié und Saint Amour sollten nicht zu jung getrunken werden

Beaune Weinstädtchen an der Côte-de-Beaune mit guten Weiß- und Rotweinen (Burgund)

Bellet Appellation mit trocken-fruchtigen Rot-, Rosé- und Weißweinen aus der Gegend um Nizza (Côtes-de-Provence)

Bergerac leichter A.C.-Rotwein aus dem Südwesten

Blanc de Blancs Weißwein, nur aus hellen Trauben gekeltert, Champagner nur aus der Chardonnay-Traube

Blanc de Noirs Champagner, nur aus dunklen Trauben gekeltert

Blanquette de Limoux in Flaschengärung hergestellter Schaumwein (Südfrankreich)

bois *m* Holz

boisé(-e) riecht nach Holz

bonbonne *f* große, bauchige Weinflasche, Korbflasche

Bordeaux Hafenstadt an der Garonne, die den Weinen des Bordelais den Namen gegeben hat. Die wichtigsten A.C.-Gebiete sind Bordeaux, Bordeaux Supérieur, Graves, Médoc, Haut-Médoc, Sauternes, Saint-Emilion, Pomerol

Bordeaux Supérieur Bordeauxwein, der strengeren A.C.-Vorschriften als einfacher Bordeaux entsprechen muss (höherer Alkoholgehalt)

bouchon Korken

bouchonné(-e) verkorkt

Bourgogne Blanc einfacher Chardonnay-Weißwein aus Burgund

Bourgogne Passetoutgrains kräftiger Rotwein aus Gamay- und Pinot-Noir-Trauben (Burgund)

Bourgogne Rouge einfacher Pinot-Noir-Rotwein aus Burgund

Burgundischer Kellermeister bei der Weinprobe

Bourgueil Weinort in der Touraine mit guten Rotweinen (Loire)

bouteille *f* Flasche

brut(-e) sehr trocken, herb

Cabernet franc rote, Cabernet-sauvignon-ähnliche Traube, die in Saint-Emilion auch Bouchet genannt wird. In Bordeaux-Weinen meist mit Cabernet Sauvignon und Merlot. Ergibt an der Loire Rot- und Roséweine (Hauptanbau: Bordelais, Loire)

Cabernet sauvignon klassische rote Médoc-Traube, aus der hochklassige, langlebige Weine gekeltert werden, verleiht den Weinen Feinheit und Aromenfülle von Vanille bis schwarzer Johannisbeere (Hauptanbau: Bordelais, Loire, Bergerac)

Cahors kräftiger Rotwein aus der Umgebung der gleichnamigen Stadt nördlich von Toulouse (Midi-Pyrénées)

canon *m* kleines Rotweinglas

carafe *f* Karaffe

Carignan Rotweintraube aus dem Midi, liefert Massenerträge und Massenweine

carte *f* **des vins** Weinkarte

Cassis A.C.-Weißwein aus der Provence (auch Likör oder Sirup aus schwarzen Johannisbeeren)

cave *f* (Wein-)Keller

cave *f* **coopérative** Winzergenossenschafts-Kellerei

cépage *m* Rebsorte

Chablis berühmtes Anbaugebiet mit trockenen Weißweinen aus der Chardonnay-Traube. Von Petit Chablis über Chablis, Premier Cru Chablis bis Grand Cru Chablis reicht die Klassifizierung (Burgund)

Chambolle-Musigny Anbaugebiet an der Côte-de-Nuits, aus dem die Grand-Crus-Burgunder Les Musigny und Les Bonnes Mares stammen.

chambré(-e) temperiert (Zimmertemperatur)

– TIPP –
Das Märchen von der Zimmertemperatur stammt aus einer Zeit, als Zimmer höchstens 18 Grad warm waren. Grundsätzlich gilt: einfache, trockene Weiß- und Roséweine und auch rote Landweine am besten gut gekühlt genießen. Je besser der Wein, desto wärmer darf er sein. »Chambré« bedeutet: Der Wein sollte beim Servieren etwa 16–18 Grad kühl sein.

Champagne geschützte Bezeichnung für Schaumwein aus der Champagne, der im traditionellen Flaschengärverfahren hergestellt wurde

Chardonnay weiße Burgunder-Traube, aus der alle großen weißen Burgunder, auch Chablis, und hochklassige Champagner gekeltert werden (Hauptanbau: Burgund, Champagne, Lyonnais)

Chassagne-Montrachet Weinort an der Côte-de-Beaune mit guten Weiß- und Rotweinen (Burgund)

Chasselas Gutedel. Weiße Traube, aus der trockene Weißweine gekeltert werden (Hauptanbau: Elsass, Savoyen)

château *m* »Schloss«, Weingut

Châteauneuf-du-Pape körperreicher Rotwein aus dem gleichnamigen Ort bei Avignon (Rhônetal)

chêne Eiche

Chenin blanc weiße Traube, aus der süße und trockene Weißweine gekeltert werden (Hauptanbau: Loiretal)

Chinon Weinort in der Touraine mit guten Rotweinen (Loire)

Cidre leichter, moussierender Apfelwein

Cinsault (Cinsaut) Rotweintraube an der südlichen Rhône, u.a. auch in Châteauneuf-du-Pape

Clairet helle Rotweine mit wenig Gerbstoffen (Bordelais)

Cognac Weinbrand, destilliert aus weißen Trauben der Charente

Corbières Anbaugebiet zwischen Carcassonne und Mittelmeer mit Rot-, Rosé- und Weißweinen

Cornas A.C.-Anbaugebiet an der nördlichen Rhône, wo der gleichnamige, aus der Syrah-Traube gekelterte Rotwein wächst

corps *m* Körper

corsé(-e) kräftig, körperreich, stark

Corton-Charlemagne vollmundiger, schwerer Weißwein von der Côte-de-Beaune (Burgund)

Côte-Chalonnaise Weinbaugebiet in der Nähe der Stadt Chalon, in dem kräftige, nicht ganz so glanzvolle Burgunder wie an der Côte-d'Or gedeihen. Bekanntester Wein ist der Mercurey aus der gleichnamigen Stadt (Burgund)

Côte d'Auvergne Anbaugebiet um die Stadt Clermont-Ferrand mit rustikalen Rot- und Roséweinen aus der Gamay-Traube, Weißweinen aus Chardonnay (Auvergne)

Côte-d'Or Weinanbaugebiet in Burgund, in dem Rotweine von höchster Qualität gekeltert werden, umfasst Côte-de-Beaune und Côte-de-Nuits

Côte-de-Beaune Anbaugebiet nahe der Stadt Beaune. Hier wachsen elegante Rotweine und feine, füllige Weißweine (Burgund)

Côte-de-Nuits Anbaugebiet der Côte-d'Or, aus dem die klassischen, großen Burgunder stammen. Die berühmtesten: Bonnes Mares, Chambertin, Musigny, Romanée-Conti, Clos de Vougeot (Burgund)

Côte-Rôtie A.C.-Anbaugebiet an der nördlichen Rhône, das dunkle, aromatische Rotweine liefert

Coteaux-Champenois leichte Weiß-, Rot- und Roséweine aus der Champagne.

Coteaux-du-Languedoc A.C.-Gebiet im Languedoc, aus dem gute Rotweine stammen, z. B. aus La Clape oder Saint Chinian

Cabernet-Traube

Coteaux-du-Layon Anbaugebiet südlich der Loire, bringt vor allem die edelsüßen Weißweine Quarts-de-Chaume und Bonnezeaux hervor

Côtes-du-Lubéron großes Anbaugebiet an der Rhône mit einfachen bis guten Rotweinen, auch Weiß- und Roséweine

– TIPP –
Ein Besuch beim Winzer: Wenn Sie im Bordeaux-gebiet ein Château besichtigen wollen, wenden Sie sich am besten an das »Maison du Vin«, das es in vielen größeren und kleineren Weinorten gibt. Hier bekommen Sie Vorschläge für Weintouren, hier stellt man meist auch für Sie die nötigen Kontakte her. Das größte »Maison du Vin« finden Sie übrigens mitten in Bordeaux, in der Nähe des Grand Théâtre.

Côtes-du-Rhône großes Anbaugebiet im südlichen Rhônetal mit unterschiedlichen Rotweinen. Die besseren Côtes-du-Rhône-Villages stammen aus bestimmten Gemeinden

Côtes-de-Provence Großan-baugebiet mit unterschiedlichen Qualitäten. Neben einfachen Massenweinen auch einige gute Weiß-, Rot- und Roséweine und A.C.-Weine wie Bandol, Bellet, Cassis und Palette

Côtes-du-Roussillon Anbaugebiet in Südfrankreich mit kräftigen Rotweinen, auch Weiß- und Roséweine

crémant *m* Schaumwein, der im traditionellen Flaschengärverfahren hergestellt wurde, aber nicht aus der Champagne stammt

Crozes-Hermitage größtes Anbaugebiet der nördlichen Rhône mit unterschiedlichen Rotweinen, vor allem aus der Syrah-Traube, auch Weißweine

cru *m* »Gewächs«, ursprünglich Name eines einzelnen Weinbergs; auch Wein von gehobener Qualität, Lage

dégustation *f* Weinprobe

demi-sec (demi-sèche) halbtrocken

domaine *m* Weingut

doux (douce) süß, lieblich

embouteillé par abgefüllt durch

en primeur Weinverkauf per Subskription

Entre-Deux-Mers Weißwein-gebiet zwischen den Flüssen (»den Meeren«) Garonne und Dordogne mit guten, preiswerten Weinen

fin(-e) fein

Fitou A.C.-Anbaugebiet für schwere Rotweine im Languedoc

Fixin Weinbaugemeinde im Norden der Côte-de-Nuits mit guten Rotweinen

Fleurie eine der Beaujolais-Cru-Lagen

frais (fraîche) frisch, kühl

Fronsac A.C.-Gebiet im Bordelais mit guten, noch bezahlbaren Rotweinen

Gaillac Stadt im Südwesten, aus der trockene und leicht süße, spritzige Weißweine kommen (Midi-Pyrénées)

Welcher Wein zu welchem Essen? In erster Linie gilt: Erlaubt ist, was Ihnen schmeckt. Lassen Sie sich auch vom Sommelier beraten. Grundsätzlich passen zu einem »menu du terroir« auch die Weine der Gegend, z. B. einfache rote Landweine, zu deftigen Spezialitäten. Zu feinen Fischgerichten wählen Sie einen Weißwein mit wenig Säure, z. B. einen Chardonnay, zu Meeresfrüchten darf's mehr Säure sein, z. B. ein Sancerre, Chablis oder Muscadet. Zum Fischeintopf oder gegrillten Fisch dürfen Sie sich auch ruhig einen Rosé (Côtes-de-Provence) oder auch leichten Rotwein schmecken lassen. Die passen auch – wie auch nicht zu säurereiche Weißweine – zu Kalbfleisch und Geflügel sehr gut. Zum Hauptgericht mit dunklem Rindfleisch oder Lammbraten passt ein körperreicher Rotwein am besten, Bordeaux oder Burgunder. Im Übrigen können Sie es auch halten wie die Winzer im Médoc: Sie bleiben vom Entrée bis zum Dessert beim roten Bordeaux, denken auch bei Austern nicht daran, zu Weißwein zu wechseln.

Gamay rote Traube, liefert fruchtig-frische Rotweine, vor allem im Beaujolais und Mâconnais (Hauptanbau: Burgund, Auvergne, Loire, Savoyen)

Gevrey-Chambertin Weinort an der Côte-de-Nuits, aus dem einfache Rotweine und große Grand-Cru-Burgunder-Rotweine stammen, z. B. Chambertin

Gewürztraminer würzige, alkoholreiche Weißweine, die ihren Namen von der Traube haben (Hauptanbau: Elsass)

Gigondas kleines Anbaugebiet im Hinterland der Rhône mit gehaltvollen Rotweinen

goût *m* Geschmack

goût *m* **de bouchon** Korkgeschmack

goût *m* **de chêne** (Eichen-)Holzgeschmack

grand cru *m* »großes Gewächs«, Qualitätsmerkmal mit regional unterschiedlicher Bedeutung. Bezeichnet z. B. in Burgund eine Spitzenlage, im Elsass einen Wein von bestimmter Qualität

Graves A.C.-Anbaugebiet südlich von Bordeaux mit fruchtig-feinen Rotweinen und körperreichen, edlen Weißweinen (Bordelais)

grenache rote Traube, die Weinen Kraft verleiht (Hauptanbau: Südfrankreich)

Haut-Médoc Herzstück des Médoc, A.C.-Gebiet, links von der Gironde gelegen, liefert die wohl berühmtesten roten Bordeaux (Bordelais)

Hérault Anbaugebiet für einfache, aber z.T. recht gute rote Landweine im Midi

Hermitage kleine Weinlage an der nördlichen Rhône, wo der berühmte, gleichnamige Syrah-Rotwein wächst

impériale im Bordelais 6-l-Flasche

Irouléguy schwerer Rot- und Roséwein aus dem französischen Baskenland

jeroboam im Bordelais 5-l-Flasche, in der Champagne 3-l-Flasche

Juliénas eine der Beaujolais-Cru-Lagen

Jura Anbaugebiet westlich der Saône, aus dem der Arbois kommt

Jurançon edelsüßer Weißwein aus dem Béarn (Midi-Pyrénées)

Lalande de Pomerol A.C.-Gebiet im Bordelais mit guten, aber nicht so herausragenden Rotweinen wie im Nachbargebiet Pomerol

Languedoc Massenanbaugebiet für einfache rote und weiße Landweine

Lirac kleines Anbaugebiet an der Rhône mit ausgeprägten Roséweinen und leichteren Rotweinen

Listrac kleine Gemeinde im Haut-Médoc mit feinen, kräftigen A.C.-Rotweinen (Bordelais)

Lussac-Saint Emilion A.C.-Rotwein aus dem Nachbarort von Saint-Emilion (Bordelais)

Mâconnais A.C.-Anbaugebiet um die Stadt Mâcon, aus dem samtige Rotweine, fruchtige Rosé- und Weißweine stammen (südliches Burgund)

Madiran kräftiger Rotwein aus dem Béarn

magnum Flasche mit doppeltem Volumen einer Normalflasche, d. h. im Bordelais 1,5-l-Flasche

Margaux Dorf am Rand des Haut-Médoc mit A.C.-Rotweinen von allerhöchster Qualität (Bordelais)

Médoc A.C.-Gebiet im Bordelais, links von der Gironde gelegen. Hier werden Rotweine von höchster Qualität gekeltert

Merlot mit Cabernet Sauvignon wichtigste Traube in Bordeauxweinen, vorherrschende Sorte in Pomerol und Saint-Emilion

– TIPP –
Hochgewächse im Médoc: Gleich drei Premier-Cru-Châteaux liegen im Gebiet des Städtchens Pauillac im Haut-Médoc: Lafite-Rothschild, Mouton-Rothschild und Latour. Und auch in Margaux am südlichen Rand des Haut-Médoc entstehen Weine, die Kenner zu den elegantesten des Bordelais zählen. Der herausragende Wein der Appellation: der Wein von Château Margaux. Ein weiteres Spitzen-Château findet sich in Pomerol, rechts von der Gironde gelegen: das Château Petrus. Die berühmten Bordeaux-Kostbarkeiten werden mehr und mehr von Japanern und auch Russen entdeckt und aufgekauft, in den letzten Jahren sind die Preise ins Unermessliche gestiegen. Und auch die Zweitweine der großen Châteaux (z.B. Pavillon Rouge von Château Margaux) haben noch einen stolzen Preis.

méthode *f* champenoise Flaschengärverfahren nach Art der Champagne, d. h., der Schaumwein wird in der endgültigen Flasche vergoren, gerüttelt und von der Hefe befreit

Meursault Weinort an der Côte-de-Beaune, aus dem edle Weißweine stammen (Burgund)

Midi Massenanbaugebiet für einfache rote und weiße Landweine, umfasst Languedoc, Roussillon, Minervois, Fitou, Corbières

millésime *m* Jahrgang

Minervois Anbaugebiet für z. T. gute Rotweine im Languedoc

mis en bouteille à la propriété (au château, au domaine) Erzeugerabfüllung

mis en bouteille par abgefüllt durch

Monbazillac Anbaugebiet mit edelsüßen Weinen in Bergerac

Mondeuse wichtigste Rotweintraube in Savoyen

Montlouis Weinort in der Touraine, wo trockene und süße Weißweine wachsen, auch Schaumweine (Loire)

Morey-Saint-Denis Weinort an der Côte-de-Nuits mit Grand-Cru-Rotweinen (Burgund)

Morgon eine der Beaujolais-Cru-Lagen

Moulin-à-vent eine der Beaujolais-Cru-Lagen

Moulis kleine Gemeinde im Haut-Médoc mit feinen, kräftigen A.C.-Rotweinen (Bordelais)

mousseux schäumend

Turm von Château Latour

Muscadet weiße Traube in der Gegend von Nantes, liefert frische, sehr trockene Weißweine

Muscadet de Sèvre et Maine A.C.-Gebiet des Muscadet an der Mündung der Loire

Muscat süße A.C.-Muskatellerweine aus Südfrankreich

Muscat blanc kleine, weiße Muskateller-Traube, die den trockenen Elsässer Muskateller oder süße Weißweine mit Muskatbukett ergibt (Hauptanbau: Elsass)

Muscat d'Alsace trockener Muskateller-Wein aus dem Elsass

nouveau neu, jung, aus diesem Jahr

Pacherenc-du-Vic-Bilh Weißwein aus dem Béarn

Palette kleines Anbaugebiet mit sehr guten Rot- und Roséweinen (Côtes-de-Provence)

Pauillac kleine Stadt im Haut-Médoc mit Rotweinen von höchster Qualität (Bordelais)

Pessac-Léognan Weinorte im Anbaugebiet Graves mit fruchtigen Rot- und Weißweinen (Bordelais)

Petit Chablis leichter A.C.-Weißwein am Rande des Chablis-Gebiets, preiswerter als Chablis (Burgund)

pichet *m* Krug, Karaffe für offenen Wein

Pinot blanc Weißburgundertraube, die fruchtige Weißweine hervorbringt (Hauptanbau: Elsass)

Pinot gris Ruländer, weiße Traube, aus der füllige Weißweine gekeltert werden (Hauptanbau: Elsass)

Pinot noir Spätburgunder. Die rote Traube liefert vollmundige Rotweine mit fruchtiger Note und Brombeeraroma und auch Champagner (Hauptanbau: Burgund, Champagne, auch Elsass)

plein(-e) voll

Pomerol eines der berühmtesten A.C.-Gebiete des Bordelais, rechts von der Gironde gelegen, mit schweren, samtigen Rotweinen von höchster Qualität

– TIPP –
Wein und Käse

gehören für Gourmets zusammen wie Gott und Frankreich. Es muss aber nicht immer Rotwein sein, der Käse begleiten darf. Lassen Sie sich zu jungen Weichkäsesorten wie Brie oder mildem Schnittkäse wie Raclette ruhig einen fruchtigen Weißwein oder Rosé schmecken. Je deftiger, aromatischer der Käse, desto kräftiger sollte allerdings der Wein sein. So passt zu einem Livarot oder Saint Nectaire ein Rotwein wie Cahors. Zu ausgereiften, vollmundigen Hartkäsesorten darf's dann ein gehaltvoller Bordeaux oder ein Burgunder sein.

Pommard berühmter Weinort an der Côte-de-Beaune mit guten Weiß-und Rotweinen (Burgund)

Pouilly-Fuissé trocken-fruchtiger Weißwein aus dem Mâconnais (Südliches Burgund)

Pouilly-Fumé fein-fruchtiger, trockener A.C.-Weißwein von der Loire, gegenüber von Sancerre

Primeur kurz für Beaujolais Noveau, den neuen Wein aus dem Beaujolais

Puligny-Montrachet bekannter Weinort der Côte-de-Beaune, aus dem die körperreichen Grand-Cru-Weißweine stammen (Burgund)

Quarts-de-Chaume süßer Weißwein von der Loire

racé(-e) rassig

Régnié eine der Beaujolais-Cru-Lagen

Riesling klassische Weißweintraube, die dem frischen, eleganten Elsässer Riesling Namen und Geschmack gibt

Rosé d'Anjou halbtrockener Roséwein aus dem Anbaugebiet um die Stadt Angers

Saint-Emilion eines der berühmtesten A.C.-Gebiete des Bordelais, rechts von der Gironde, mit fruchtig-üppigen Rotweinen von höchster Qualität

Saint-Estèphe ehemaliges Fischerdorf im Haut-Médoc mit körperreichen A.C.-Rotweinen (Bordelais)

Saint-Joseph A.C.-Anbaugebiet an der nördlichen Rhône, wo der gleichnamige, fruchtige Syrah-Rotwein wächst

Saint-Julien Nachbarort von Pauillac, Haut-Médoc mit hervorragenden Rotweinen (Bordelais)

Sancerre fruchtiger A.C.-Weißwein von der oberen Loire

Saumur trockener/halbtrockener Weißwein aus dem Anjou (Loire)

Sauternes kleines Anbaugebiet im Süden des Anbaugebiets Graves, berühmt für seine edelsüßen, schweren Weißweine. Der Premier Grand Cru: Château d'Yquem, (Bordelais)

Sauvignon blanc weiße Traube, die mit Sémillon zusammen süße wie auch trockene, fruchtig-elegante Weißweine ergibt (Hauptanbau: Bordelais, Loire u.a.)

sec (sèche) trocken

Sémillon weiße Traube, aus der hochwertige edelsüße Weine erzeugt werden. Der berühmteste ist der Château d'Yquem

sur lie »auf der Hefe gelagert« und direkt von der Hefe auf die Flasche gefüllt, gibt Weinen volleren Geschmack

Sylvaner leichter, trockener Weißwein aus der gleichnamigen Traube (Hauptanbau: Elsass)

Syrah Rotweintraube, charakteristisch für die Weine der nördlichen Côte-du-Rhône

Tavel kleines Anbaugebiet an der Rhône mit ausgeprägten Roséweinen

Tokay vollmundiger Weißwein aus der Pinot-gris-Traube (Elsass)

Touraine Anbaugebiet für trockene Rot-, Weiß- und Roséweine um die Stadt Tours (Loire)

V.D.Q.S. (Vin délimité de qualité supérieure) Qualitätseinstufung unterhalb der A.O.C.-Weine, auch A.O.V.D.Q.S.

vente *f* **directe** Weinverkauf ab Weingut

Vermouth mit Kräutern (Wermut) aromatisierter Wein

vigne *f* Rebe, Rebstock

vignoble *m* Weinberg

vin *m* **blanc** Weißwein

Vin *m* **d'Alsace** Elsässer Wein, jeweils mit dem Namen der Rebsorte

vin *m* **de pays** Landwein aus einer Großregion.

Vin *m* **de Savoie** einfacher Weiß- oder Rotwein

vin *m* **de table** Tafelwein ohne genaue Herkunftsangabe

vin *m* **jaune** sherry-ähnlicher Wein aus dem Jura

vin *m* **mousseux** Schaumwein

vin *m* **rosé** Roséwein

vin *m* **rouge** Rotwein

vin gris *m* sehr heller Roséwein

viniculture *f* Weinbau

vinification *f* Weinbereitung

Volnay Weinort an der Côte-de-Beaune, aus dem feine Weißweine und Rotweine stammen (Burgund)

Vosne-Romanée Weindörfchen an der Côte-de-Nuits mit dunklen, samtigen Burgundern (Burgund)

Vougeot Spitzenlage der Côte-de-Nuits mit sehr guten Rot- und Weißweinen (Burgund)

Vouvray Weinort in der Touraine, wo trockene und süße Chenin-blanc-Weißweine wachsen, auch Schaumweine (Loire)

– TIPP –

Zu Hause angekommen: Gönnen Sie Ihren in Frankreich gekauften Weinert eine Woche Ruhe. Haben Sie Weine mitgenommen, die älter als fünf Jahre sind, warten Sie mit dem Entkorken noch einige Zeit länger.

*Ein Fest für die Sinne:
der Markt in Aix-en-Provence.*

DIE WICHTIGSTEN
REDEWENDUNGEN

Nie wieder sprachlos in Frankreich

Die stark vereinfachte Lautschrift umschreibt die französischen Laute – soweit möglich – mit deutschen Buchstaben. Die Sonderzeichen bedeuten: á = betonter Vokal, â = durch die Nase gesprochener Vokal, ° = ganz kurz gesprochener Vokal, j = wie J in Journalist

ALLGEMEINE REDEWENDUNGEN

guten Morgen/guten Tag/	bonjour (in Frankreich üblich mit Anrede: bonjour Madame, Monsieur, Mademoiselle, bei mehreren Personen bonjour Messieurs-Dames)
bôjur madám, m°ßiö, madmosál	
guten Abend *bôßwar*	bonsoir
bitte	s'il vous plaît (wird im Französischen an den Anfang oder das Ende des Satzes gestellt)
ßil wu plä	
danke	merci (wie beim Begrüßen in Frankreich üblich mit Anrede: merci Madame, Monsieur, Mademoiselle)
märßi	
Ich möchte *j° wudrä'*	Je voudrais ...

auf Wiedersehen
o r⁰woar

au revoir

Entschuldigen Sie

Excusez-moi! (um die Bedienung zu rufen: Excusez-moi, Madame/Mademoiselle/Monsieur)

äkßküse moaʾ; äkßküse moaʾ madám, m⁰ßjö, madmosäl

Es tut mir leid
jⁿ ßui deʾsoleʾ

Je suis désolé(e)

Ich habe leider nichts verstanden

Malheureusement, je n'ai rien compris

malörösmô. jⁿ neʾriä kôpri

Ich spreche nur sehr wenig Französisch

Je ne maîtrise pas le français

jⁿ nⁿ mäʾtris pa lö frâßä

RESERVIEREN

Ich möchte einen Tisch für 2/4 Personen reservieren

Je voudrais réserver une table pour deux/quatre personnes

jⁿ wudrä resärweʾ ün taʾbl⁰ pur dö / kaʾtr⁰ pärßoʾn

... auf den Namen
o nom d⁰

... au nom de ...

Um 20 Uhr/20.30 Uhr

À vingt heures/à vingt heures trente

a wâ̂nt ör / a wâ̂nt ör trôt

Wir hatten einen Tisch reserviert auf den Namen ...

Nous avons réservé une table au nom de

nus avô resärweʾ ün taʾbl⁰ o nom d⁰

EINE BESTELLUNG AUFGEBEN

Könnte ich bitte die Speise-
karte/die Weinkarte haben?
purä j⁰ awoar la ka'rt / la ka'rt de w䓍'?

*Pourrais-je avoir la carte/la
carte des vins?*

Können Sie mir erklären,
was ... ist?
purie' vu mexplike' ß⁰ k⁰ ßä'?

*Pourriez-vous m'expliquer ce
que c'est ...?*

Können Sie mir eine regiona-
le Spezialität/eine Spezialität
des Hauses/einen guten Wein
empfehlen?
*purie' vu m⁰ rękomâde ün ßpeßialite' d⁰ la rejiõ', d⁰ la
mäsõ, ä bô wä*

*Pourriez-vous me recomman-
der une spécialité de la régi-
on/un bon vin?*

Als Vorspeise/Hauptspeise/
Dessert nehme ich ...
kom ätre' / pla / däßä'r j⁰ prâdrä

*Comme entrée/comme plat/
dessert je prendrai...*

Ich nehme keine
Vorspeise/kein Dessert
j⁰ n⁰ prâdrä pa dâtre' / d⁰ däßä'r

*Je ne prendrai pas
d'entrée/de dessert*

Das muss ein Irrtum sein.
Das habe ich nicht bestellt.
il ia ärö'r, ß⁰ nä pa ke j⁰ komâde'

*Il y a erreur. Ce n'est pas ce
que j'ai commandé.*

WÄHREND DES ESSENS

Könnten Sie mir noch etwas
Brot/eine Karaffe Wasser/ei-
nen Aschenbecher/einen Teller für das Kind bringen?
*purie' vu maporte' ä pö d⁰ pâ / ün kara'f do / ä ßâdrie' /
ün aßiätt pur lâfâ*

*Pourriez-vous m'apporter un
peú de pain/une carafe d'èau/
un cendrier/une assiette pour
l'enfant?*

Danke, das genügt! *märßi'ßet a'ße'*	*Merci, c'est assez*
Wir hatten noch ein Wasser bestellt *nus awiô oßi kommôde' dᵃ lo'*	*Nous avions aussi commandé de l'eau*
Bitte noch ein Bier, eine Flasche Wein *ßil wu plä, ün otrᵃ biär / â̂ otrᵃ butä'j dᵃ wâ̂*	*S'il vous plaît, une autre bière, une autre bouteille de vin*
Wo sind die Toiletten bitte? *ßil wu plä, u'ßô le toalä't ?*	*S'il vous plaît, où sont les toilettes*
Auf Ihr/Euer Wohl! Prost! *a wotre ßâte'*	*À votre santé*
Guten Appetit *bon apeti'*	*Bon appétit*
Auf dein Wohl! Prost! *a ta ßâte'*	*À ta santè*

AM KÄSEBUFFET / DESSERTAUSWAHL

Ist der Käse mild oder scharf? *äß kᵃ lᵃ froma'j ä du' u fo'r*	*Est-ce que le fromage est doux ou fort?*
Würden Sie mir ein Stück von diesem Käse geben? *wudri 'e wu mᵃ done' â morßo' dᵃ cᵃ froma'j*	*Voudriez-vous me donner un morceau de ce fromage?*
Würden Sie mir bitte dieses Dessert/diesen Kuchen reichen. *wudri 'e wu mᵃ done' cᵃ däßä'r / cᵃ gato*	*Voudriez-vous me donner ce dessert/ce gâteau*

LOB + TADEL

Es war sehr gut/ausge-
zeichnet
βetä trä bô' / äkβälä'

C'etait tres bon/excellent

Ich bin sehr zufrieden/Wir
sind sehr zufrieden.
j° βüi trä kôtâ'(t)/ nu βom trä kôtâ'

*Je suis très content(e)/Nous
sommes très contents*

Es war nicht ganz perfekt
β° netä pa parfä'

Ce n'était pas parfait.

Das ist nicht gar/nicht frisch.
β° nä pa asse kui / frä

Ce n'est pas assez cuit/frais.

Das ist kalt/versalzen.
βä froa' / tro sale'

C'est froid/trop salé.

Der Wein ist sehr gut.
l° wän ä trä bô'

Le vin est tres bon.

Der Wein hat etwas Korkgeschmack.
l° wân ä buschone'

Le vin est bouchonné

DIE RECHNUNG

Können wir bitte die Rechnung haben?
puwô nus awoar ladiβjô, βil wu plä?

*Pouvons-nous avoir l'additi-
on, s'il vous plaît?*

Wir zahlen getrennt
nu päjô se'pare' mô

Nous payons séparément.

Akzeptieren Sie Kreditkar-
ten/einen Scheck?
axäpte' wu le cart bâkär / â schäk

*Est-ce que vous acceptez les
cartes de crédit/ un chèque?*

Liebe Leserinnen und Leser,

wir freuen uns, Ihre Meinung zu diesem MERIAN Kompass Kulinarischer Sprachführer Frankreich zu erfahren. Bitte schreiben Sie uns, wenn Sie Berichtigungen und Ergänzungsvorschläge haben oder wenn Ihnen etwas besonders gut gefällt:

Gräfe und Unzer Verlag, Reiseredaktion, Postfach 86 03 66, 81630 München
E-Mail: merian-kompass@graefe-und-unzer.de

Alle Angaben in diesem MERIAN Kompass sind gewissenhaft geprüft. Für eventuelle Fehler übernimmt der Verlag keine Haftung.

Redaktion: Ulrike Bässler
Kartenredaktion: Ingrid Schobel

Bei Interesse an Karten aus MERIAN-Produkten schreiben Sie bitte an:
IPublish GmbH, Geomatic,
Berg-am-Laim-Straße 47,
81673 München
E-Mail: Geomatics@ipublish.de

Gestaltung: Michael Goerden
Umschlagfoto oben: C. Heeb / Look: Literatencafé Les Deux Magots;
Umschlagfoto unten:
FoodPhotography Eising
Karten: MERIAN-Kartographie
Produktion: Helmut Giersberg
Reproduktion: Repro Schmidt, Dornbirn
Druck und Bindung: Ludwig Auer GmbH
ISBN 3-7742-0736-4

Fotos: M. Brauner 34, 43, 131; Caves de la Reine Pédanque, Savign-lès-Beaune 10, 75; C. I. V. C., Epernay 13; F.M. Frei 4, 51, 61, 84; M. Görlach 2, 14, 18, 21, 24, 28, 32, 38, 67; Käse aus Frankreich, SOPEXA, Büro Deutschland: Förderungsgesellschaft für französische Nahrungs- und Genußmittel, Düsseldorf 53; Ketchum 46; Root Stock, Hendrik M. Holler 77; C. Teubner 37, 45, 59; O. Teubner 62, 68

Dieses Buch wurde auf chlorfrei gebleichtem Papier gedruckt.

Auflage   5. 4. 3. 2.
Jahr   2004 03 02 01

© Gräfe und Unzer Verlag GmbH, München